だいわ文庫

太りやすく、痩せにくくなったら読む本

木村容子
西沢実佳（エクササイズ指導）

大和書房

はじめに

「食べる量は、これまでと変わらないのに太っていく」

「一食抜いても、体重が変わらない」

「下腹部がポッコリしてきて、今までのスタイルが決まらない」

この本は、こんなふうに感じるようになった人に読んでほしいと思っています。

あなたがそう感じるのは、**年齢を重ねてきたことで、「太りやすく、痩せにくいカラダ」に変わってきている**からです。

2020年は新型コロナウイルス感染症の蔓延で、自宅で過ごす機会が増えたこともあり、運動不足やストレスによる過食などで、体重の増えた方が多くいらっしゃいました。

いわゆる「中年太り」です。

この現象は女性の場合、一般的には35歳を機にあらわれやすくなります。

「35歳なのに、もう中年なんて！」と意外に感じるかもしれません。しかし、あなたのカラダは確実に変わってきています。しかも、朝食を抜いたり、週末に断食するといった極端な食事制限や、へとへとになるまで激しい運動をしても、残念ながら、なかなか改善しないカラダへと。

35歳以降にみられる加齢による肥満現象は、漢方医学では若い頃の体形の変化と区別して、いわゆる「腎虚《じんきょ》太り」と呼ぶことができます。

「腎」とは、成長や発育を促す一方で、老化や女性ホルモンとも深い関係がある五臓の一つ。この**「腎」が年齢とともに衰えていくことで、下腹部やお尻、太腿など下半身を中心に脂肪がついていく**と考えられています。

女性の腎が衰えだすのは「35歳から」とされ、この年齢を機に、年を追うごとに太りやすくなっていく「運命」にあるともいえるのですが、「座して肥満を待つ」のはとても残念なこと。肥満は見た目がガッカリなばかりでなく、生活習慣病のリスクを高める危険性もあり、健康面でも問題があります。

なら、腎が衰えないようにできないか。

腎は「親からもらったエネルギーを蓄えているところ」ともいわれ、腎のエネルギー（腎気）をすり減らさないように暮らす、つまり、暴飲暴食を避け規則正しい生活を行うといった「守り」の姿勢で、老化を遅らせることは可能です。漢方でいう**「養生」**です。

その上で、私が提案したいのは、腎のエネルギーを増やしていく、という「攻め」の姿勢です。


具体的にどうしたらいいのか。

これまで書いた本では、加齢によって減った腎のエネルギーを補うという意味で、**食事法**を提案してきました。黒豆や黒ごまなどの黒色の物や、もずく、昆布やわかめ、ひじきといった海藻類を積極的に取り入れることなどは、腎の衰えに対する「守り」の方法として、とても大切です。

そして、さらにこの本では、「太りにくいカラダ」にフィーチャーするにあたり、より「攻め」の手法を意識しようと、**筋肉トレーニングやストレッチ**を取り入れたエクササイズを取り上げてみました。**運動は成長ホルモンの分泌を促します。**これは、成長に関係する腎のエネルギーのすり減った分を補うことにつながります。

この「守り」と「攻め」で、**腎虚太りという「運命」にあえてあらがい、「太りにくいカラダ」を目指していくことが、この本の狙いです。**

さらに、女性ホルモンの分泌量の違いによって、太りやすさも異なることから、女性ホルモンがまだ十分にある**「35歳からのプレ更年期」**、女性ホルモンがいよいよ少なくなってくる**「閉経前の更年期前期（45歳～50歳頃まで）」**、女性ホルモンがほとんどない**「閉経後の更年期後期（50歳～55歳頃まで）」**と時期を三つに分けて、「守り」と「攻め」の手法をそれぞれに紹介したいと思っています。

「守り」のための生活全般についてのアドバイスは私が担当し、「攻め」のためのエクササイズは、ピラティスやダンスなどを5歳から90歳を対象に、これまで約1万人を指導してきた頼もしい味方、西沢実佳先生に指導していただきました。エクササイズは一日5分から10分でできるよう、負担なく続けやすい構成になっています。

さあ、では始めましょう。

「養生」と「エクササイズ」で、〝STOP THE 腎虚太り！〟です。

木村 容子

目次

Chapter 2
35歳からのダイエット、五つの誤解
――間違った思い込みは痩せにくさにつながる

Chapter 3

「太りにくいカラダ」を作るための基本の5Tips

――「腎」「脾」「肝」ケアでSTOP! 加齢太り

Chapter 4

プレ更年期の〝太りにくいカラダ〟の作り方

35歳～45歳

Chapter 5

更年期前期の〝太りにくいカラダ〟の作り方

45歳〜50歳（閉経）

Chapter 6

更年期後期からの〝太りにくいカラダ〟の作り方

50歳～（閉経）以降

下半身集中エクササイズ　サイドライン引き締め・骨盤安定・下半身バランス　215

Chapter 1

35歳は「体形の曲がり角」

――タイプ別、年齢別に加齢太りに対抗する

女性誌では毎号といっていいくらい、手を替え品を替え、いろいろなダイエット法が紹介されています。「一日に何リットルもの水を飲んで痩せた」という経験者の談話もあれば、最近では「グルテンフリー」や「糖質カット」をうたう記事もよく見かけます。

もちろん、こうした方法でダイエットに成功した方はいるのでしょう。ただ、紹介されている方法を試してはみたものの同じようには痩せなかった、という経験をお持ちの方も多いのではないでしょうか。

実は、太る要因は体質によって人それぞれ。その結果、自分とは違うタイプの体質の人のダイエット法を真似ても、思うような結果が出づらいのです。

さらに漢方の見方から言うと、**女性はだれもが、35歳頃から太りやすく痩せにくいカラダへと変化していく**といえます。

だからこそ、今までとは違うやり方で、太りやすくなったカラダと付き合っていく必要があるのです。

太る基本体質は三タイプ

漢方では、「太る」ことをカラダ全体で考える

漢方医学（以下、漢方）では、治療にあたり患者さんの**体質の違い**を重視しています。病気ではない段階での「太る」ことへの対処についても、考え方は同じです。

この「体質」というのは、カラダに脂肪がどのくらいついているのか、冷えやすくはないか――といったカラダ全体を指します。

「太る」という現象についてもカラダ全体の「体質」で考えることが、なぜ大事なのか。中国の最古の医学書といわれる『黄帝内経素問《こうていだいけいそもん》』に記されている、理想的な体形について説明する一文を紹介しましょう。

「一般人の標準は、皮・肉・脂・膏《こう》・血《けつ》・気に偏りがないため、体は大きくも小さくもなく、均整がとれている」

「気」とは、エネルギーのことで、皮（皮膚）や肉（筋肉）、脂・膏（体脂肪）、血（血液）と合わせて、**全体のバランスがとれている状態が理想的**だとしています。逆に、これらに**偏りが出ると太ってしまい、体形の崩れにつながる**といえるのです。

また、「皮膚、筋肉、体脂肪、血液、エネルギー」が偏りなく均衡を保っていることが大切だということは、たとえば「体脂肪を減らす」、「ドロドロ血を改善する」といったダイエット法を試すにしても、「○○だけを食べていれば」や「○○だけを改善すれば」といった「単品単一」の方法ではなく、**総合的に、しかも体質の違いにフォーカスして行うべき**だと説いているともいえます。

太りやすい体質は「食毒」「瘀血《おけつ》」「水毒」の三タイプ

「体質」という全体像でとらえていくことが、「太る」ことへの対処のためにいかに大事なのかがわかっていただけたでしょうか。

このような漢方の考え方に基づいて、私は日頃から、太ることを気にされている患者さんに対して、体質を太る要因別に三つのタイプに分類してお話ししています。そのタイプとは、次の三つです。

◎食毒体質
◎瘀血体質
◎水毒体質

次のページからのチェックリストの三つの体質の特徴に、当てはまるものはありますか?

あなたが、ここでご紹介する体質のどれかに当てはまり、しかも35歳を過ぎているのなら、これらの**体質別の太りやすい体質を変えるための対処法に加え、「加齢」という要因からのアプローチも必要**になってきます。

あなたはどのタイプ?

「太りやすい体質」のタイプを知るためのチェックリスト

●食毒体質（食べ物が体内に停滞するタイプ）

□ お腹いっぱい食べることが多い
□ バイキングなど食べ放題が好き
□ フライドポテトや唐揚げなどの油物が好き
□ 肉料理が多い
□ 生クリームやバターを使ったスイーツが好き
□ 冷たいものが好き

□食べるのが速い
□一食くらいは抜いても平気
□便秘しやすい
□一日でも便が出ないと不快

チェックした項目数 □

●瘀血《おけつ》体質（「血」の流れが滞っているタイプ）

□手足が冷えやすい
□肩凝りがひどい
□ストレスを感じることが多い
□夜更かしすることが多い
□朝食を抜くことが多い
□目の下にくまができやすい
□肌がくすんでいる

□鮫肌である
□唇が暗紫色である
□アザができやすい

チェックした項目数 □

●水毒体質（「水」の巡りが悪いタイプ）
□むくみやすい
□カラダが重い感じがする
□疲れやすい
□水を飲んでも体重が増える
□水分をとるとお腹がポチャポチャと音がする
□胃もたれしやすい
□喉が渇きやすい
□下痢しやすい

□めまいや立ちくらみがする
□関節痛や手足のしびれがある

チェックした項目数 □

五項目以上当てはまったタイプが、あなたの体質です。

複数のタイプで五つ以上チェックできる場合は、もっとも項目数が多いタイプが、あなたの基本となる体質と考えてください（チェックリスト作成：木村容子）。

次の項目からは、この三タイプについて、ご説明します。

入りエネルギー超過タイプ＝食毒体質

「食べ過ぎ」がクセになっていませんか？

まずは**「食毒体質」**と呼ばれる、**余分なエネルギーが体内に溜まって太るタイプ**です。

毎日の食事から得られるエネルギーは、体内で消化吸収され、筋肉や脳の活動に使われていくのですが、必要以上にエネルギーをカラダに入れてしまうと、使い切れなかったエネルギーは脂肪となってカラダに溜まっていきます。

「お腹いっぱいに食べないと食べた気がしない」といった**食べ過ぎ（過食）が常態化**している人や、脂っこい料理を好んだり「ランチはケーキ・バイキングです」など、**脂質が多過ぎる食生活を送っている方**に多くみられます。

脂肪は皮下や内臓などいろいろなところにつきますが、**食毒体質の人の場合は、内臓の周辺に脂肪がつきやすく、**内臓はお腹に集中していることから、カラダのほかの部分と比べてお腹周りが大きくせり出してくるという特徴があります。

女性よりも男性に多くみられる体質で、一般的には「太鼓腹」といわれ、その様子から**「リンゴ型」肥満**とも呼ばれています。

この内臓脂肪型で太っている人が何かと話題になるのは、脂質異常症や高血圧、高血糖などの健康障害を発症する確率が高いからです。まさに「食べ過ぎはカラダに毒」といえましょう。

内臓脂肪は体重を減らせば落ちてくる

このタイプの人は、食事量を減らして「入り」のエネルギーを調整したり、運動で余分なエネルギーを体内に溜めずに使い切ることで、**「入り超過」になっているエネルギーの収支バランスを整える**ことがダイエットの第一歩といえます。

ただ、食毒体質の人の多くはもともと「運動よりも食べることが大好き」ですから、なかなか食べる量を減らせなかったり、動くことを億劫に感じる傾向がみられます。心当たりのある方も、多いのではないでしょうか。

そこで、ダイエットへのインセンティブを高めるデータを一つ、紹介しましょう。

内臓脂肪は皮下脂肪に比べて落としやすいとの臨床研究結果があります。25人の糖尿病患者さんを対象にした研究で、体重を5％減らしたところ、皮下脂肪の面積は約5％しか減少しなかったのに対し、内臓脂肪は4倍の約20％も減ったとの報告があるのです。

つまり、内臓脂肪は体重の増減と連動しやすい脂肪だといえ、食事を見直したり積極的にカラダを動かすことで効果的に落とすことが期待できるのです。

「入り」の調整が苦手だった患者さんが、比較的無理なく取りかかることができた具体例をいくつかご紹介します。参考になさってください。

◎夕飯のご飯のお茶碗を小さくして雑穀米等にする。

早食いの人は、満腹中枢に指令がいく前に食べ物を次から次へとカラダに入れてしまいがち。ご飯は白米よりも、噛む回数を多くしないと飲み込むことができない玄米や雑穀米などを選び、少なくとも20回〜30回は噛んで、お腹が満たされた感覚を味わうようにする。

◎キャベツの千切りや酢漬けなど、繊維質が豊富でお腹にかさばるものを最初にとる。

お腹が空いて、一気に食べてしまうおそれがあるときは、空腹感を軽減するために、先に食べるものに気をつけることで食べ過ぎを防ぐ。コップ一杯の常温の炭酸水やミネラルウォーター、または白湯を食前に飲むこともおすすめ。

◎毎食ごとに食事のすべてを十等分して、そのうち2割だけを残す。

これを三日間続け「腹八分目」の感覚を覚える。等分するのが面倒な場合は、「あと一口分」を減らして盛り付ける。

「入り」を調整すると同時に、エネルギーを消費する「出」の対策を行うとより効果的です。例えば、ワンフロア分だけは階段を使う、タクシーやバス、電車に乗らず一駅分だけ早足で歩くなど、日常生活の中で運動量を増やしてみましょう。

血行不良・老廃物蓄積タイプ＝瘀血《おけつ》体質

巡りの悪さが太ることにつながっている

二つめは**「瘀血体質」**です。

漢方では血液のことを「血《けつ》」と呼び、**瘀血は、その「血」の流れが滞っている血行不良の状態**を指します。

全身を流れる血液は、酸素や栄養を運んで体温を維持するほか、老廃物を回収する役割も担っています。しかし、血液がうまく巡っていないと栄養成分がカラダの隅々まで行き渡らず栄養不良の状態になってしまいます。その結果、カラダは活発に動くことができず、**代謝がスムーズに進まないことで老廃物の排出も滞り、太ることにつながる**のです。

手足が冷たいといった冷えを訴える女性に多くみられる体質で、**カラダを温めることがダイエットの基本**となります。入浴時はシャワーですませず湯船につかったり、ストレッチで筋肉を伸ばして手足の末端まで血液が行き届くようにしましょう。

筋力トレーニングで**筋肉をつけることも冷え改善につながり、ダイエットにも効果的**です。

筋肉を動かすと熱が作られ、カラダは温かくなります。特に女性は一般的に筋肉量が男性よりも少なく、そのために冷えやすい傾向にあるといわれていますから、筋肉量を増やすことは、温まりやすく代謝しやすいカラダ作りにつながります。

そしてもう一つ、巡りの悪さを抱えるこのタイプの人が、「少しでも痩せて見えるように」と、**小さ目サイズの下着類を身につけることはおすすめしません。**血行が悪くなり、かえって太りやすくなってしまいます。

タンパク質がカラダを温めてくれる

さらに、朝食抜きなどの不規則な食生活も冷えを悪化させ、痩せにくいカラダにつながってしまいます。**食事をとること自体がカラダの代謝を高める**のです。

このタイプの人は、食事では**タンパク質を積極的にとる**ようにしましょう。タンパク質は三大栄養素のほかの二つである糖質と脂質に比べ、カラダを温める効果が高いからです。

また、「自律神経」と呼ばれる、自分の意思に関係なく呼吸や心拍といった生きるために働いている神経の機能も、太りやすい体質と大きく関係しています。自律神経は血液を手足の末端まで届ける際の調整役を担っていますから、**自律神**

経の働きが乱れると血行も悪くなり、太りやすくなることがあります。

また、自律神経の働きを乱す大きな要因の一つは、ストレスです。**ストレスを上手に発散する**ことも、結果的には太らないことにつながるといえるでしょう。

体内の水はけが悪いタイプ＝水毒体質

むくみやすい人、疲れやすい人はこのタイプ

最後は、血液以外のリンパ液や汗などを指す「水《すい》」が体内で滞ったり不足したり、逆に多すぎて「水はけが悪い状態」にある**「水毒体質」**です。

いわゆる「水太り」のタイプで、筋肉があまりなく、**お尻や太腿といった下半身に皮下脂肪がつきやすかったり**、また、**むくみやすい、疲れやすい**と訴える人が多いことが、このタイプの特徴です。

女性の場合は、胃腸が弱く食べ物や飲み物をうまく消化できないことが原因で

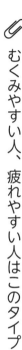

あることが多く、水分を多量にとるダイエット法は不向きな体質といえます。痩せたければむしろ、**胃腸を丈夫にして体内の余分な水分を外に出せるようにする**必要があります。

また、余分な水分が溜まると、カラダが冷えやすくなりますから、このタイプの人も冷え性であることが多いのです。冷えがある場合は、前項の瘀血体質と同様に、**カラダを温め、タンパク質をとり、筋肉をつける**ことが効果的です。

ただ、水毒体質の人は、いきなり「肉食」中心の食生活を送ろうとすると、胃腸にかえって負担がかかる場合があります。また、肉にはタンパク質のほかに脂質が含まれています。「水太り」タイプにとっては、この脂肪が要注意です。

鶏のささみ、豚の赤身など、脂肪分の少ない肉を消化しやすい調理法で

脂肪の消化は主に十二指腸で行われます。十二指腸は胃から送られてきた脂肪に反応し、消化酵素や胆汁を分泌させて消化を進めますが、その間は胃の運動が

抑制されています。このため、消化に時間のかかる脂肪が多い食事は、胃の動きが抑えられる時間を長びかせ、胃もたれを起こしたり、「水」が体内で滞る原因になります。

水太りをしやすい水毒タイプの人は、タンパク質を肉でとる際には、まずは**鶏のささみや豚の赤身といった脂肪分の少ない肉**を選び、また調理法でも蒸したり、スープや汁に入れて煮込んだりと、消化しやすいように工夫するとよいでしょう。**蒸し鶏のごま和えや参鶏湯、豚汁**といったメニューがおすすめです。

また、水毒体質の人は、筋肉をつけようと激しい運動に取り組むのも避けてください。疲れやすい状態を悪化させないよう、負荷の軽い、**翌日に疲れを残さない程度の運動から始める**ようにしましょう。

セルフケア・ポイント

●食毒体質の太る原因と対策は？

「腹八分目」の感覚を覚え、ちょこちょこ運動を。

〈原因〉・必要以上に食べる。脂質・糖質を好む。

〈特徴〉・内臓に脂肪がついた、「リンゴ型肥満」が多い。

〈対策〉・食事の「あと一口分」を減らす入りのエネルギー調整から。

・いつもよりも早足で歩くなど、日常生活の中で運動量を増やし、余分なエネルギーを使い切る。

●瘀血《おけつ》体質の太る原因と対策は？

自律神経の働きを整えることが痩せへの最初のステップ。

〈原因〉・血液の循環が滞ることで老廃物が溜まり、代謝が悪化する。

〈特徴〉・手足が冷えやすい。

〈対策〉・カラダを温めることが大切。
・入浴はシャワーですませず湯船でしっかり温まる。
・ストレッチで血行を促進し、トレーニングで筋肉をつける。
・食事では、タンパク質を多くとる。
・ストレスを発散するように心がける。

●水毒体質の太る原因と対策は？

胃腸の調子を整え、余分な水分を外に出す。

〈原因〉・リンパ液や汗など＝「水《すい》」が体内で滞ったり不足したりしている。または逆に多すぎて「水はけが悪い」状態。

〈特徴〉・いわゆる水太りタイプ。下半身に皮下脂肪がつきやすく、むくみやすく、疲れやすい。胃腸が弱い。

〈対策〉・消化しやすい食材や調理法を工夫して胃腸の調子を整え、体内の余分な水分をカラダの外に出す。

35歳から新たな「太るステージ」へ

食べ物をエネルギーに変える力が衰えると太りはじめる

かつて「25歳はお肌の曲がり角」という化粧品会社の広告がありました。女性の体形についていえば、**漢方からみると「35歳が曲がり角」**。しかも、約二千年も前から、そうみなされていました。

女性は、「28歳」をピークに食べ物を消化し燃やす力が下り坂に転じます。そして、**「35歳」を機に、消化吸収しきれなかった飲食物が脂肪やコレステロールとなって体内に溜まりやすくなり、その結果、体形が崩れはじめる**と考えられています。

それには、数字の「7」が関係しています。

女性のピークは28歳、7年後の35歳は体形のターニング年齢

月経の周期や肌の新陳代謝の周期が7の4倍の28日であることをご存じの方は多いでしょう。**女性にとって「7」はキーとなる数字です。**

冒頭でご紹介した、漢方の教科書ともいえる中国最古の医学書『黄帝内経素問』には、女性は「7の倍数」の年齢で節目を迎え、カラダに変化がおとずれるという記述があります。ちなみに男性は「8の倍数」です。

どのように記されているのか、現代の表現でわかりやすく紹介しましょう。

「7歳で永久歯に生えかわり、髪が長くなる。14歳で月経が始まり、子どもを産めるようになる。21歳で女性としてのカラダが成熟し、背丈が伸びきる。28歳で筋骨がしっかりし、髪の成長がピークとなり、カラダの状態が最も充実する。35歳で顔の色つやにかげりが出て、髪や頬のハリに衰えが見えはじめる。42歳で顔のやつれが目立ちはじめ、白髪が生えはじめる。49歳になると閉経し、肉体が衰

女性のカラダは7年周期で変わる

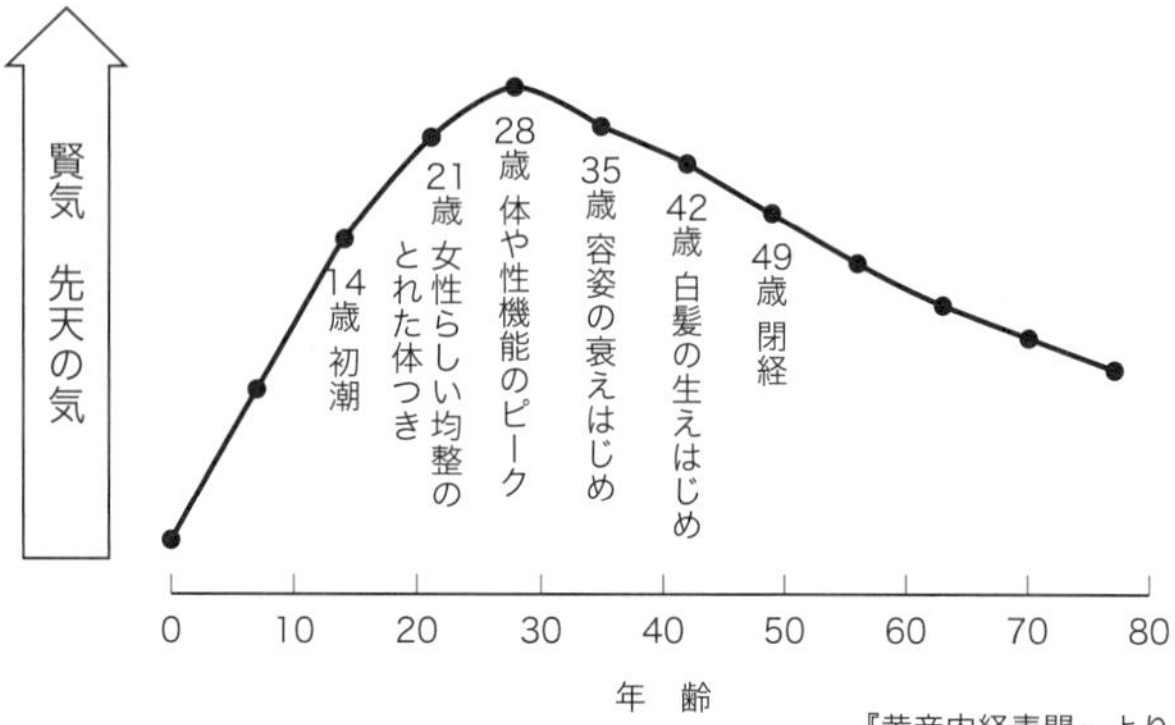
賢気　先天の気
14歳　初潮
21歳　女性らしい均整のとれた体つき
28歳　体や性機能のピーク
35歳　容姿の衰えはじめ
42歳　白髪の生えはじめ
49歳　閉経
0
10
20
30
40
50
60
70
80
年　齢

『黄帝内経素問』より

えはじめ子どもを授かることが難しくなる」

「49歳で閉経を迎える」とありますが、現代の女性の平均的な閉経年齢も50歳前後と、ほぼ同じです。また、女性のカラダの状態が28歳でピークを迎えるという点でも、現代医学の認識と大きな違いはありません。『黄帝内経素問』が書かれたのは二千年以上も前なのですが、医学が進歩した現代でも、その内容が十分に当てはまることがおわかりいただけるでしょう。

体形を考える上で重要なのは、カラ

ダの状態が頂点を過ぎた「35歳」というターニング年齢です。

漢方の観点からいうと、女性は35歳を機に、太りやすく痩せにくいカラダへと変化していくのですが、その理由を理解していただくために、まずは「加齢でカラダが老化していく」という現象を、漢方がどのようにとらえているかをご説明しましょう。

カラダが「陰」「虚」になると、だれもが太りやすくなっていく

漢方では、**だれもが加齢によって、カラダが「陽から陰」、「実から虚」の状態へと移行していく**と考えられています。

「陽から陰」は、すべての物が「陰」と「陽」の二つの要素で成り立っているとする古代中国の考えからきています。陰陽説や陰陽思想などとも呼ばれています。

「陰」とはカラダ全体またはカラダの一部の代謝が低下した状態のことです。逆

に代謝が活発に行われている状態を「陽」といいます。**カラダは年齢を重ねるごとに、熱のある「陽」の状態から冷えている「陰」へと向かいます。**

「カラダが冷えていると太りやすい」ということは、瘀血体質や水毒体質の分類で説明しましたが、35歳まではいずれの体質にも当てはまらなかった人でも、**加齢によって「陰」に向かう過程で、代謝が低下し、冷えやすくなり、だれもが確実に太りやすく痩せにくくなってしまう**といえるのです。

もう一つの流れの**「実から虚」**の「実」とは「筋肉質でがっちり」、「積極的で疲れにくい」、「胃腸が丈夫」といった、エネルギーが満ちあふれ、活動的な状態を指します。

一方、「虚」は「虚弱体質」の「虚」で、元気がない状態のこと。

虚の状態にあるカラダには、「痩せ型」「水太り」「消極的で疲れやすい」「胃腸が弱い」といった特徴がみられます。

炭水化物中心の食事は、「それほど食べていないのに太る」の原因に

漢方では、加齢に伴い、西洋医学でいう胃腸や心臓、腎臓などの臓器の機能も、「実」の状態から「虚」に変化し働きが弱くなっていくと考えます。

たとえば、これまで胃腸が丈夫だった人でも、35歳を過ぎると働きが徐々に悪く（虚の状態に）なっていきます。胃腸が弱ってきたことで**「20代の頃ほどには食べられなくなった」「それなのに、太った」**と訴える患者さんが少なくありません。

そういう患者さんの特徴は、たとえば、**「昼は菓子パンだけ」といった炭水化物を中心とした食事を好む**ことです。

この食生活で問題なのは、炭水化物でお腹を満たしてしまうと、タンパク質やビタミン類などの栄養素が不足してしまうこと。栄養バランスの偏りは、太りやすい体質へつながっているのです。

また、栄養がカラダの隅々まで行き渡らないと、筋肉も弱ってしまいます。筋

力が低下すると代謝が悪くなり太りやすく痩せにくくなることは、すでにご説明した通りです。

セルフケア・ポイント

- 35歳から、食べないのに太るようになっていくのは、カラダが「陽から陰」へ、「実から虚」へと移行し、代謝が低下するから。
- タンパク質やビタミン類をとり、炭水化物を控えることが大切。

太りやすく痩せにくい体質のカギを握るのは「腎」「脾」「肝」

加齢によるカラダの変化を三つの臓器から考える

加齢とともに太りやすくなるターニング年齢である35歳からの女性のカラダの変化は、なぜ起こるのでしょうか。カラダが「陽」から「陰」に、「実」から「虚」になっていくとはどういうことかを、もう少し詳しく見ていきましょう。

漢方の専門用語が入り少し難しくなりますが、「太る」ということをカラダ全体で考えていくために大切な概念ですから、ここで簡単に説明したいと思います。

五臓について

五臓*	働き	感情	味	症状	六腑
心	意識水準、覚醒・睡眠リズム調節 血を循環、舌に反映	喜	苦	精神集中できない 不眠、動悸	小腸
肝	自律神経系の働きに関与、血を貯蔵 筋肉の運動を調節、目と爪に反映	怒	酸	イライラ、筋肉痙攣 目の異常	胆
脾	消化吸収機能、気の生成	思	甘	食欲異常、胃腸虚弱	胃
肺	呼吸機能、皮膚機能、気の生成	悲憂	辛	咳、呼吸困難 皮膚の異常	大腸
腎	水分代謝、内分泌機能 成長・発育・生殖・老化に関与 親からの気を貯蓄	恐	鹹	老化現象、夜間頻尿 腰痛	膀胱

＊西洋医学の臓器の名称とは必ずしも一致しない。「脾」は脾臓ではなく消化器系の機能を表す。いずれも臓器そのものだけでなく、自律神経や血液循環などの機能を含めた概念。

漢方では、臓器や臓器の機能を**「五臓六腑」**で表し、**「五臓」（肝、心、脾、肺、腎）**の働きを**「六腑」（小腸、大腸、胃、胆、膀胱、三焦）**が補佐すると考えています（上の表を参照）。

35歳以降の太りやすく痩せにくい状態を解消するための核となるのは、ズバリ、五臓の中の**「腎」、「脾」、「肝」の三つ**です。

3章以降では、この三つを柱に、太りにくいカラダを作るための具体的な方法を紹介しています。

「腎」が弱ると女性ホルモンが減り、脂肪がつきやすくなる

三つの臓器の中でも、**ベースとなるのは「腎」**です。

「腎」は、血液をろ過し尿を作り、老廃物とともに体外に排泄する役割を担う西洋医学でいう腎臓の働きに加え、カラダ全体を温めたり、人の成長や発育、生殖、老化にも関わっています。

温める機能をもつ「腎」が弱ると、カラダは冷えやすくなります。冷えは太りやすさに関係しているというのは、もう皆さんにとっては簡単に連想できることですね。

さらに注目すべきは、「腎」が漢方で**「先天の気」**と呼ぶ、親から受け継いだエネルギー（気）を蓄えている点です。**「先天の気」は生まれた段階でほぼ総量が決まっていて、自然の成り行きとして、年齢を重ねるごとに減少していきます。**

冒頭でご説明した、女性のカラダが7歳ごとに変化するというサイクルも、この腎にあるエネルギー、別名**「腎気」**の増減がもとになっていると考えることが

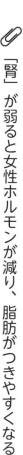

できます（40ページを参照）。

「7歳から腎気が活発になり28歳でピークを迎え、35歳を機に腎気は減っていく」

実は、西洋医学でいえば、腎気の減少とは、卵巣機能が低下し女性ホルモンの分泌量が少なくなりだすことを意味します。つまり、**35歳を過ぎると脂肪を分解させる働きもある女性ホルモンの働きが低下しはじめ、それによって女性のカラダは脂肪がつきやすく、太りやすくなっていく**のです。

「冷えやすいカラダ」を作り、女性ホルモンの低下と関係する**「腎」のケアは、太りやすく痩せにくくなる35歳からの女性にとって、とても大切なこと**なのです。

「脾」と「肝」の衰えでさらに「太りやすいカラダ」に

「脾」は、胃腸が行う消化吸収機能を担っています。さらに、「先天の気」と対《つい》になる、毎日の食事などで作り出されるエネルギー**「後天の気」**を作るという役割もあります。

後天の気は、食べることで日々補っていくことが可能ですが、加齢とともに「脾」も「実」から「虚」になっていくため、「脾」が担う消化吸収機能は28歳をピークに衰えはじめ、それとともに後天の気も減っていきます。

胃腸虚弱やエネルギー不足が筋力の衰えと代謝の悪化を招き、これらもまた太りやすく痩せにくいカラダにつながっていきます。

このように、**35歳からの太りやすさは、腎の働きが弱くなる「腎虚」がベースとなり、胃腸の働きが低下する「脾虚」がそれを助長する**といえます。

そして**もう一つ、太りやすさにつながるのは、「肝の働きの乱れ」**です。

「肝」は、肝臓を指すとともに、瘀血《おけつ》体質のところでご説明した**自律神経をコントロールし、情緒の安定を助ける働き**も担っています。

ストレスなどで自律神経の働きが乱れると、お腹が空いていないのに何か口に入れたくなったり、食べ過ぎたりしてしまいがちです。また、血行やエネルギーの巡りが悪くなり、太りやすくなります。

この**「腎」と「脾」、「肝」の三つの臓の働きが衰えたり異常になって太りやすくなる**ことを、この本では**「加齢太り」**と名付けています。

35歳を過ぎたら、もともと持っている食毒、瘀血、水毒という三つの太りやすい体質に加え、カラダが変わっていくことで否応なしにやってくる「加齢太り」のリスクを意識することが大切なのです。

セルフケア・ポイント

- 腎のつかさどる女性ホルモンの減少、脾が担う消化機能の衰え、肝がコントロールする自律神経の乱れによって、加齢太りが始まる。
- 35歳からは、腎=内分泌、脾=胃腸、肝=自律神経をケアすることが、太りにくいカラダへの第一歩。

痩せ型だった女性も、ぽっこりお腹に変わってしまう⁉

閉経の前と後では脂肪のつき方が違う

一般的に、皮膚のすぐ下につく皮下脂肪は女性に、内臓の周辺につく内臓脂肪は男性につきやすいといわれています。

しかし、**女性の場合でも、35歳を過ぎ更年期にさしかかってくると、内臓脂肪が溜まりやすくなります。**それまでは痩せ型だった女性でも、ぽっこりとお腹が出てきたと感じるときがおとずれるのです。

実際、カラダの各部位の体脂肪量を測定した研究では、女性は加齢とともに体脂肪率が上昇し、**体脂肪のつき方が閉経前後に変化している**と報告されています。

胴体（軀幹）と脚の部分（下肢）との脂肪の比率を数値化した場合、1以上になると、お腹周りに脂肪がついた内臓脂肪型の脂肪分布だと考えられるのですが、月経のある／なしの両グループの1以上の割合を比べたところ、月経のある女性群では約36％が内臓脂肪型だったのに対し、閉経した女性たちはその2倍以上の約74％が内臓脂肪型でした。

「加齢太り」は放っておけば「ペアップル」体形に

もともと女性の皮下脂肪がお尻や太腿といった部分につきやすいことは、皆さんもよくご存じでしょう。下半身に脂肪がついたカラダのシルエットは洋ナシに似ていることから「洋ナシ型」体形などとも呼ばれています。

恐ろしいことですが、これに加齢による内臓脂肪型の体脂肪分布への変化が加わるということは、食毒体質の体形である「リンゴ型」も加味されるということ。

加齢太りの脂肪は腹部から下半身にかけてつきますから、「ウエストのくびれがなくなってきた」、「バストと腹部の高さが近くなってきた」その体形は、「洋ナシ（ペア＝pear）＋リンゴ（アップル＝apple）＝ペアップル（peapple）」型とでも呼ぶべきものに変化していくリスクをはらんでいるのです。陽から陰へ、実から虚へと変わっていくカラダをケアし、生活を見直していくことがいかに大切かは、もうこれ以上ご説明の必要はないと思います。

セルフケア・ポイント

- 加齢太りの脂肪は、特に腹部から下半身につきやすい。
- 35歳を過ぎたら、女性も内臓脂肪に注意が必要。

Chapter 2

35歳からのダイエット、五つの誤解

——間違った思い込みは痩せにくさにつながる

それほど食べていないのに太ってしまった、食べる量を減らしてもなかなか痩せないと嘆き、「今までと違う」太り方に悩んでいる患者さんと話していて、残念に思っていることがあります。

ダイエット法についての間違った思い込みをおもちだったり、正しい方法について誤解している方が、結構多くいらっしゃるのです。

少し節食すればするりと体重が落ちていた20代とは違い、なかなか痩せられないターンに入ってしまった方が体重をコントロールするためには、前章でご説明したような女性の**カラダの変化に関する理解**とともに、**ダイエットについての正しい知識**が不可欠です。

35歳からの具体的なダイエット法を実践するにあたり、「間違った思い込み」をもっていては効果は期待薄です。

この章では、特に**35歳からのダイエットにとっては致命的なさまざまな誤解を、解いていきましょう。**

「食事量を減らす＝痩せる」という誤解

——節食だけではかえって太る

食事を減らして代謝が悪くなると逆効果

ダイエットと聞いてだれもが思い浮かべるのが、「まず、食事量を減らす」ということではないでしょうか。食事量を減らす、つまり、カラダに取り入れるエネルギーを減らす方法です。

確かに、食毒体質の場合、食事量を抑えることは大切です。しかし**残念ながら、そう単純にいかないのが、35歳からのダイエットの難しいところ**です。

食べる量を減らせば総エネルギーが減りますから、脂肪は消費され、体重も落ちるでしょう。ただ、**同時に筋肉も痩せてしまいます**。しかも、35歳以降はカラダの老化によってそれ以前よりも筋肉が落ちやすい状態になっていくのです。

「日本食品標準成分表」によれば、食品のエネルギー（熱量）は、タンパク質1g当たり4キロカロリー、脂質1g当たり9キロカロリーです。一方、一日当たりのカラダの代謝量は筋肉1kg当たり13キロカロリー、脂肪1kg当たり4・5キロカロリーです。

つまり、**脂肪が熱を生み出す力は筋肉の3分の1**しかなく、また、だからこそ、ついてしまった脂肪は減らしにくいのです。逆に**熱を生み出しやすい筋肉が減ってしまうと代謝が低下し、「痩せにくいカラダ」になってしまう**ということです。

その上、筋肉が落ちたままの状態で、一度減った体重がまた増加するリバウンド現象が起きれば、脂肪だけが増えることとなり、さらに太ってしまうという悪循環に陥るというのも「ダイエットあるある」といえます。

また、**食事の「量」だけに注意を払うと、「栄養失調で太る」**といったジレンマを抱えることもあります。これは、「お昼は菓子パンだけ」の人が太るとご説明したように、栄養のバランスが崩れてしまうことが原因です。

35歳までなら、生まれながらのエネルギー（腎気）が十分にあり、多少の食事の偏りや不摂生も胃腸の強さ（＝脾気）でカバーできますから、少しくらい栄養のバランスが悪くても「栄養失調」にまではなりませんし、「太る」ことを実感することはなかなかないかもしれません。

ただ、腎気も脾気も徐々に衰えていく35歳からは、**「何を食べるか」も考えないと、太ってしまいかねない**のです。量を減らすにしてもふだんの食事で**肉や魚などのタンパク質をはじめ、野菜や果物もしっかりとる**ようにしましょう。

炭水化物は最後に食べる

さらに、3章でもご説明しますが、**「食べる順番」**も大事です。私はよく患者さんに、**ご飯などの炭水化物はおかずの合間もしくは最後に食べる**ことをおすすめしています。順番くらいでダイエットの効果が変わるのか、と思われるかもしれませんが、炭水化物を先に食べるとお腹がいっぱいになり、ほかの栄養素をとれなくなってしまうのです。
栄養バランスが悪くなることは、消化吸収機能が衰えはじめる35歳以上にとって、ゆゆしき事態です。加齢とともに胃腸の働きが「虚」になっていくこの年代では、単に「食べる量を減らす」のではなく、**「何を、どのように食べるのか」という食べ物の「質」や「順番」の工夫**が大切になってくるのです。

セルフケア・ポイント

- 35歳を過ぎたら、「一食抜く」「○○しか食べない」などの乱暴なダイエットは禁物。
- 痩せても筋肉量が減ってしまえば「痩せにくいカラダ」になるだけ。
- 野菜、肉、魚をバランスよく食べた後に、炭水化物を食べる。

「脂質＝悪者」という誤解
——油抜きダイエットは危険

脂肪をまったくとらないダイエットは痩せにくさにつながることも

健康診断や人間ドックでの血液検査で測定されるコレステロールや中性脂肪といった脂質の数値が「急に上がった」と心配になりだすのも、35歳を過ぎた頃からではないでしょうか。最近では、メタボリックシンドローム（メタボ）の診断基準に血液中の脂質の数値が含まれていることから、「脂質は悪者だ」と思い込んでいる人が少なくありません。

しかし、脂質は三大栄養素の一つで、カラダにとっては欠かせない物質です。

脂肪を「まったくとらない」ことは、かえって太りやすさ、痩せにくさにつながる

ことを、わかってほしいと思い、患者さんには次のように説明しています。

まず、コレステロールは、37兆個あるといわれている人間のカラダの細胞を守る城壁のような役割をしている細胞膜や、女性ホルモンをはじめとするさまざまなホルモンの原材料となっています。

また、肝臓はカラダのエネルギーを脂肪の形で蓄える臓器ですが、脂肪分解を促進する胆汁酸は肝臓でコレステロールから作られています。ですから、**コレステロールがなくなってしまうと、脂肪を分解すること自体が難しくなってしまう**のです。

ただし、コレステロールの中でも悪玉コレステロール（LDLコレステロール）が増えすぎると動脈硬化につながるので要注意。その防御策としては、もう一つのコレステロール、**善玉コレステロール（HDLコレステロール）を増やすことが有効**だといわれています。

動脈硬化が進んでいるかどうかの目安としては、LDLコレステロールとHDLコレステロールの比率**「LH比」**と呼ばれる指標が注目されていて、通常、動脈硬化のリスク予防にはこの数値を2以下にすることが推奨されています。つまり、LH比を下げるためには、LDLコレステロール値を下げ、HDLコレステロール値を上げればいいわけです。

HDLコレステロール値を上げるにあたり有効な食材の一つとして、**オレイン酸などの一価不飽和脂肪酸が多く含まれる「オリーブ油」**が挙げられます。地中海地方でコレステロール値が高くても虚血性心疾患の発症率が高くないのは、オリーブ油の摂取量が高いためと考えられています。

中性脂肪が余ってしまうとメタボに……

一方、中性脂肪は、エネルギー源として皮下や内臓の周囲に蓄えられ、ブドウ糖が不足した際にはエネルギーに変換され、体内の緊急時の原動力になります。運動の際には、筋肉内にあるグリコーゲン、血液中のブドウ糖の順番で消費された後にエネルギー源として使われます。さらに、寒さや暑さといった外的環境から内臓を保護する役割も担っています。

しかし、中性脂肪は溜まりすぎると皮下脂肪や内臓脂肪として蓄えられることで、体形が肥満型へと変わっていきます。また、血中に増えすぎると脂質異常症、いわゆるメタボになりかねない点では注意が必要です。

脂質はカラダにとってはなくてはならない栄養素ですから、「まったくとらない」のではなく、コレステロールや中性脂肪のメリットとデメリットをふまえ、上手に取り入れることが、太りやすいカラダにならないための王道といえるでしょう。3章102〜107ページ、111〜122ページの食事に関するアドバイスも、ご参考になさってください。

セルフケア・ポイント

- 「まったく脂肪をとらない」と、かえって太りやすさ、痩せにくさにつながる。

- コレステロールが不足するとホルモンの材料が足りなくなり、脂肪を分解する働きが弱くなる。
- 不飽和脂肪酸が多いオリーブ油などで、善玉コレステロールを増やすことが有効。

「激しい運動＝痩せる」という誤解
――疲れすぎるとますます「虚」の状態に

へとへとになるほどの運動はカラダを「虚」へと向かわせる

体形の変化に気づいて、慌ててジョギングシューズを買いに行ったりスポーツジムの入会手続きに走る、という方も少なくないでしょう。これは、消費エネルギーを大きく増やして、エネルギーの収支バランスの「出る」ほうを「入り」よりも大きくしようという方法です。

消費エネルギーが摂取したエネルギーを上回れば、確かに痩せるでしょう。足りなくなった分、脂肪として蓄えられたエネルギーが消費されれば、お腹も凹んできそうな気がします。

また、運動した後は、体内の酸素が不足しますから、その状態を解消しようと、カラダが酸素をたくさん必要とし代謝が高くなります。

筋肉トレーニングによって筋肉量が増えることも、代謝の促進につながります。本書でも「太りにくいカラダ」作りの具体的な方法として、運動を一つの柱としています。

ただし、思い出してください。**35歳以降のカラダは、疲労の回復力が下がる「虚」の状態に向かっています。**そんな状態で、むやみに激しい運動を行い、へとへとに疲れるまで自分を追い込んでしまうと、**持っている「気」（エネルギー）が消耗し、翌日の活動量がガクッと減り、ますます「虚」の状態になってしまう**という、負のスパイラルになりかねません。

これでは、運動が活動量の増加ではなく減少のほうに寄与してしまいます。

もちろん、「運動」を始めることは、一日の全体の消費エネルギーを上げようという試みだという点では有効です。ただ、**35歳から気をつけてほしいのは、運動の「激しさ」、つまり程度の問題**です。

筋肉量を増やすことに主眼を置き、消耗しすぎに注意して

そもそも私たちの一日のエネルギーは、約6割が基礎代謝のため、約3割が家事や運動などの日常の生活活動に、そして残りの約1割が食べたものを消化吸収する際に消費されています。基礎代謝量とは、何もしないでじっとしているだけでも消費されるエネルギーのことで、内臓を動かしたり体温を維持するなど、生きていくために必要最低限の活動に使われています。

基礎代謝量は通常、発育盛りの10代をピークに、加齢とともに低下していきます。

その理由の一つとして、筋肉量が少なくなっていくことが挙げられます。

しかも、筋肉量の低下は、基礎代謝量を減少させるだけでなく、日常の生活活動のエネルギー代謝も低下させてしまいます。同じように動いても筋肉量が少ないと、それだけエネルギーは使われなくなるからです。

ですから、筋力アップのために運動を始めること自体は間違っていませんが、運動を行う際は、「気」を消耗させるのではなく、**カラダに溜まった不必要なもの**

（邪気）を発散させ、「気」を巡らせるという意識で行ってください。

セルフケア・ポイント

- 筋肉量を増やすこと自体は代謝を高め、「太りにくいカラダ」を作るために効果的。
- ただし、35歳以上は、激しい運動で疲れすぎると、「気」のエネルギーが減り、カラダが「虚」の状態に転じてしまうため逆効果。
- トレーニングは、カラダの中の邪気を外に出し、「気」を巡らせるイメージで行う。

「筋トレ＝太る」という誤解

――筋肉がつけば冷えも解消され、代謝もよくなる

体重は増えても、代謝が高まることで太りにくくなる

「ダイエットのための運動」と聞くと、エネルギー消費を高めるために、エアロビクスやジョギングといった有酸素運動で心拍数を上げることを思い浮かべる方が多いかもしれません。

ダイエット効果を高めるためには、食生活の改善と有酸素運動に取り組むと同時に、もしくは、両方できないなら、まずは（3）でもご説明したように、**筋肉をつけて、カラダ自体を、より積極的にエネルギーを生み出せるように作っていく**ことが大事になります。

ただ、患者さんにこのような説明をすると、「筋力トレーニングは体重が増えて太るから嫌です」といった反応が返ってくることが多々あります。

これは大いなる誤解です。筋トレがなぜ「太らないカラダ作り」に大切なのかをご説明しましょう。

女性は男性と比べて冷えを訴える方が多く、また、冷えが太りやすさにつながりやすいことには、瘀血体質や水毒体質の説明の際に触れました。

冷え解消にあたっては、「カラダに皮下脂肪がついているほうが冷えにくいのではないか」と考える方がいらっしゃるかもしれません。これは、脂肪が内臓を外界の寒さから保護する役割があることに着目しての考えでしょう。

ただ、（1）でもご説明した通り、脂肪自体は代謝して熱を発するという効果が低く、カラダを積極的に温めることには向いていません。

一方、脂肪に比べて代謝の効率がいいのは筋肉です。筋肉には「運動を起こすこと」のほかに「カラダの熱を作り出す」という働きがあるからです。

そのため、筋トレを行い筋肉量を増やせば、カラダの熱を産生する能力が高まり、体温も上がります。**冷えが解消されることは、太りにくいカラダ作りに効果的**です。

また、**基礎代謝を上げる効果も期待できる**ことから、「出る」エネルギーの増加にもつながります。

年を重ねると、筋肉も落ちてきます。冷えやすい女性は、ますます冷えやすくなっていきます。だからこそ、**減っていく筋肉量を増やしていく筋トレは、「冷えないカラダ」「エネルギーを消費しやすいカラダ」「太りにくいカラダ」へと変えていく**ために大きな効果を発揮するのです。

筋トレは成長ホルモンを作り出す

しかも、筋トレによって成長のためのホルモンの分泌が促される作用も確認されています。そのカギを握るのは、筋力に負荷をかけると筋肉の中に溜まっていく**「乳酸」**です。

かつては、疲労を起こす物質だと考えられ「乳酸はカラダに悪い」などといわれていましたが、最近の研究では、**乳酸は成長ホルモンの分泌を盛んにする作用をもち、代謝を促し、筋肉のエネルギー源としても重要な働きをする**二次的な代謝産物であるという見方が主流になっています。

筋トレによって分泌が促される成長ホルモンは、筋肉量を増やし、骨や皮膚を強くし、中性脂肪の分解を促します。「太らないカラダ作り」には願ってもないホルモンなのですが、その分泌量は10代をピークに、その後は十年ごとに約16%ずつ減っていくといわれています。

このため、成長ホルモンを自ら作り出すことができる筋トレは、加齢太りを防止するための特効薬といえるでしょう。

セルフケア・ポイント

- 筋トレで筋肉が増えて「太った」と感じるのは大きな誤解。
- 筋トレで筋肉量を増やすことが体温を上げ、冷えが解消されて「太りにくいカラダ」になる。
- 筋トレは成長ホルモンの分泌を促進し、成長ホルモンは筋肉量を増やし中性脂肪の分解を促す。

「ストレスはダイエットによくない」という誤解
──適度なストレスが自律神経の働きを助ける

ストレスを感じると、なぜ食べたくなるのか？

「ストレス太り」という言葉があるように、ストレスがあると甘い物についつい手が伸びるなど過食になりがちで、結果的に太ってしまいやすいといえます。

ではなぜ、ストレスを感じると、過食になりがちなのでしょうか。

これはストレスによって自律神経の働きが乱れることと関係しています。

瘀血体質の説明でも触れましたが、自律神経は、自分の意思でコントロールできない神経のことで、「恒常性維持機能」や「ホメオスタシス」と呼ばれる、体

五臓の働きとそれぞれの関係

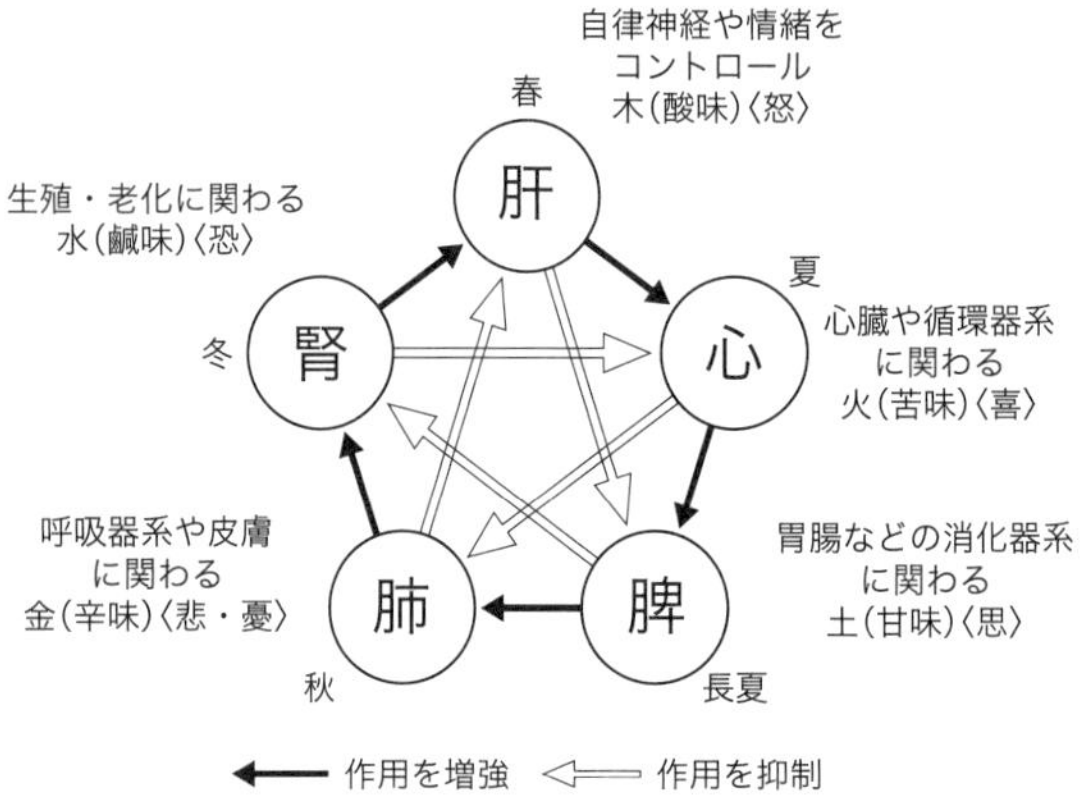

自律神経や情緒をコントロール
木（酸味）〈怒〉
春
肝
夏
心
心臓や循環器系に関わる
火（苦味）〈喜〉
胃腸などの消化器系に関わる
土（甘味）〈思〉
脾
長夏
肺
秋
呼吸器系や皮膚に関わる
金（辛味）〈悲・憂〉
腎
冬
生殖・老化に関わる
水（鹹味）〈恐〉
作用を増強
作用を抑制

内環境を一定に保つ機能を維持するために働いています。

この自律神経には、日中の活動の際に優位に働く**交感神経**と、安静時やリラックスしているときに活発になる**副交感神経**があります。

ストレスがかかると、カラダは「ストレスに負けてはいけない」と戦闘モードに入り、交感神経の働きが高まります。交感神経が過度に緊張状態になってしまうと「夜になってもなかなか寝付けない」など、副交感神経へのスイッチの切り替えがうまくいかなくなります。

これが、自律神経の働きが乱れているという状態です。自律神経の乱れが「太りやすさ」につながる理由は、「五臓」の相互関係で説明することができます。

漢方では、臓器や臓器の機能を五臓六腑で表し、五臓は「肝」、「心」、「脾」、「肺」、「腎」を指すと46ページでもご説明しました。これら五臓はお互いの作用を増強したり抑制したりする役割を担っています。

ストレスには、五臓のうち、自律神経をコントロールする役割を担う「肝」が関係しています。76ページの図にあるように、「肝」は胃腸にあたる「脾」の作用を抑制する関係性にあるので、ストレスによって「肝」がダメージを受けると、「脾」の働きが抑えられ、過食といった形で食欲面での異常が起こりやすくなり、太ることにつながるのです。

このため、自律神経の働きを乱す「過度な」ストレスを回避することは、太ることを防ぐ意味では正しいのですが、**あくまでも気をつけるべきは「過度」のストレスです。**ストレスが一切ない状態のほうが痩せるというのは誤解なのです。

ストレスがなさすぎても太る!?

ストレスによって交感神経の働きが刺激されると、心拍数が上がるので酸素消費量が増加し代謝も上がっていくのですが、それだけでなく、脂肪の分解が促進されることも確認されています。

副交感神経が交感神経よりも優位な「幸せな状態」は、ストレスは極めて少ないかもしれませんが、リラックスしたカラダの脂肪分解作用はかなり落ちていますから、太りやすさにつながりやすい状態にあるともいえるでしょう。

「幸せ太り」はもしかすると、ストレスのなさも一因なのかもしれないのです。

過度なストレスも、ストレスがまったくない状態も、35歳からの太りにくいカラダ作りにはマイナスな面があります。「過ぎたるは及ばざるが如し」。「適度な」ストレスでカラダの緊張状態を保ち、交感神経の働きを高めていくことで脂肪の分解をしやすくするのが理想的ではないでしょうか。

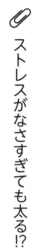

休日はいつも家でまったり休んでいるという方も、ときには**外出の予定を入れたり新しい習い事を始めるなど、ちょっと緊張するシーンを作ることで、自律神経のバランスがよくなる**かもしれません。

セルフケア・ポイント

- 適度なストレスは交感神経を刺激し、代謝を上げ、脂肪の分解を促進する。
- ストレスフリーの状態では副交感神経が優位にあり、脂肪の分解作用が落ちている。
- 昼は外出、仕事、趣味の集まりなどでカラダに刺激と適度な緊張を。反対に、夜はカラダと心を休めてリラックス、のメリハリが大切。
- ただしもちろん、自律神経が乱れるほどの過度のストレスは、ダイエットにも禁物。

Chapter 3

「太りにくいカラダ」を作るための基本の5Tips

――「腎」「脾」「肝」ケアでSTOP! 加齢太り

前章までで、35歳から、なぜ太りやすく、痩せにくくなるのかが、おわかりいただけたかと思います。

この章では、「体形の曲がり角」の35歳を過ぎた女性ならだれでも、できれば毎日、気をつけてほしい基本のポイントを漢方の観点から、より詳しく、五つにまとめました。

これら五つのTipsのベースは、1章でもお伝えしたように、五臓の**「腎」**です。

「太りにくいカラダ」作りにあたっては、親から受け継いだエネルギーである「先天の気」を蓄えている腎をケアし、先天の気を無駄遣いしないことが大前提となります。

その上で、食べ物を消化吸収する胃腸の働きをつかさどる**「脾」**と、気の巡りを調整する**「肝」**の働きを整えるという、三位一体で取り組むことで、加齢太り対策の効果を最大限に引き出すことが期待できます。

Tip 1 「食事」「睡眠」「運動」の基本を見直す
――太りにくいカラダを作るための生活改善

35歳からは、「食事」「睡眠」「運動」を変える

「養生」を辞書で引くと「病気の回復につとめる」とあります。そのため、日常生活での「養生」といえば、「おとなしく寝ていること」といったイメージを抱く方もいるかもしれません。しかし、養生には「病気にならず、健康で長生きして人生を楽しむための知恵」という意味もあります。

漢方では、**あらゆる養生の基本は、「食事」「睡眠」「運動」の三つ**だと考えます。しかも、35歳から目指す「太りにくいカラダ」を作るための養生では、ますますこれらが重要な役割を果たすようになってきます。

「な〜んだ、そんな普通のことか……」「面白みや新鮮みがない」と、ちょっとがっかりなさったでしょうか。

ただ、思い出してみてください。前章まででご説明したように、35歳を過ぎたら、代謝が低くなっていく中で、食事一つにしても、それまでと同じ量や内容では余分な脂肪が体内に溜まって太りやすくなっていき、さらに、食べる量を減らしさえすれば体重が戻る20代のように単純にはいかない年代に突入していきます。


35歳からのダイエットでは、**カラダを動かさずに、食事の調整だけで痩せようとすると、本来落としたいお腹周りや下半身の脂肪はついたままで、胸の脂肪だけが落ち、胸元が貧弱になってしまう**ケースが多々あります。これでは、せっかく無理して食事量を減らしたのに、見た目がますます「ペアップル体型」になってしまうという、残念な結果になってしまいます。

これまでの生活の延長線上のままだと、「太りにくいカラダ」作りは難しいからこそ、**35歳からならではのやり方で「食事」「睡眠」「運動」の方法を見直す**ことが必要となるのです。

「食事」「睡眠」「運動」が養生の基本といえるのは、これらの生活習慣が生きる活力となるエネルギー、漢方でいう「気」と関係しているからです。

食事と睡眠で「気」を補い、運動で「気」を巡らす。つまり、飲食や眠ることでエネルギーを取り入れ、さらに、カラダを動かして、補ったエネルギーをカラダの隅々に巡らせることが大切なのです。逆に、暴飲暴食や睡眠不足、運動のし過ぎは、「気」を減らすことになり、腎の無駄遣いにつながります。

運動については、この章の最後と、4章以降のエクササイズを参考にしていただくとして、この後は、食と睡眠について、もう少し詳しく見ていきましょう。

体重計から逃げない――一日、一ヶ月単位の体重コントロールのコツ

太ることに悩む35歳以降の患者さんに共通している傾向があります。それは、**「体重計にのるのが怖い。だから、体重を量らない」**と、体重計から逃げていることです。

よく、借金をする人は、「借金総額を把握していない」「借り入れしている金利を知らない」「いつ返済が終わるかわからない」――といった、数字を見ない傾向があるといわれます。

体重計問題はこれと似ていて、「太りやすくなった」と訴える人は、どのくらい食べたら体重が増えるのか、間食をしたときに体重は変化するのか――など、**自分の体重の変動を見ないようにしている人が多い**ように思います。

これでは、代謝が落ちてくる35歳以降のエネルギーの出納バランスを把握することはできません。

体重計から逃げている患者さんに対してはまず、体重計に毎日、起床後と就寝

前にのるようにすすめています。

朝に起きてコップ一杯の白湯や常温の水を飲んだ後に排便をし、体重計にのります。もし、**体重が前日の夜に量ったときよりも増えていたなら、夕食は食べ過ぎていた可能性が大きい**といえます。

朝に体重が増えていることがわかれば、おのずと、その日はカロリーが少なめの料理を選んだり食事量を調整したり、「一駅分は歩こう」という気になるものです。

つまり、日々の体重変動を知ることで、毎日の食事内容や量、そして日中の活動量などを無意識のうちにコントロールするようになり、それが結果的に「太りにくいカラダ」作りにつながっていくのです。「どのくらいの量を食べると食べ過ぎなのか」といった、**自分なりの体重変動のクセがわかるようになれば、体重計にのるのも一日1回だけで十分**でしょう。

なお、月単位で体重変動を考えた場合、35歳以上で月経のある女性であれば、月経周期による体重変動にも注意が必要です。

月経前は女性ホルモンのうち、黄体ホルモンが増えることで過食になったりむくみやすくなります。**「月経前は過食に注意」**と意識しておくといいでしょう。35歳からのダイエットの第一歩は、自分の体重を知ることから始めましょう。

ダイエットは春がベスト——季節ごとの体重コントロールのコツ

また、季節ごとの体重変動にも注意が必要です。**一般的に「太りやすい季節」なのは、「冬」**です。

冬の基礎代謝は、寒さから身を守るために、夏よりも10％ほど高くなっているのですが、食べて温かくなろうと、カロリーの高いものを食べたり、寒さで日々の生活での動きが鈍くなることから、かえって太ってしまいがちなのです。

かといってダイエットにも適していません。冬は動物の本能として「冬眠」する季節なので、秋から冬にかけてのカラダは、エネルギーを溜め込もうとします。寒さに耐えるために、ただでさえエネルギーを蓄積しなくてはいけない時期にダイエットをするのは、効果がないばかりか、エネルギー不足で風邪をひきやすくなるなど、体調を崩してしまう危険性もあります。

さらに、**「夏」も太りやすく、ダイエットに適していない季節**です。

最近は**「夏太り」が多くなっている**と感じています。

家の中でクーラーを効かせて動かないでいると、気づかないうちに食欲が低下し、さっぱりした食事やのど越しがいい冷たい物ばかりを口にしがちなため、偏食になりやすいものです。ですからかつては「夏痩せ」を訴える患者さんが多かったのですが、冷たいジュースなどの甘い飲料を多く飲みたくなる季節でもあり、糖分を過剰にとることも増えるため、栄養のバランスが悪くなり、「夏太り」をする患者さんが増えているのです。

また、夏は暑さによる熱中症の心配や、逆に冷房でカラダが冷えて代謝が上がらないなどの点からも、ダイエットには不向きな季節です。

冬と夏は、特に養生を心がけましょう。

一方、**痩せるのに適している季節は「春」**です。

春は、徐々に気温が上がってきてカラダを動かしやすくなり、また、冷房や暖房をつける必要もないので、自然な発汗もしやすく、運動によるダイエットに適した季節といえます。

漢方でも、春は草木が新芽から青葉へ成長するように人間も活動的になり、あふれ出るエネルギーを発散すべき季節だと位置づけています。どんどんカラダを動かし、汗をかきましょう。

胃の裏側のツボ押しで、胃腸の調子を整える

ただ、35歳からの春のダイエットには、ひと工夫する必要があります。それは、**胃腸の調子を整える**ことです。

若いときよりも胃腸の働きが弱り、食べ物や飲み物をうまく消化できない年代なのに加え、春は、もともと胃腸が弱りやすい季節なのです。

春になって暖かくなると、自律神経のうちリラックス神経といわれる副交感神

「脾兪」――胃腸の調子を整えるツボ

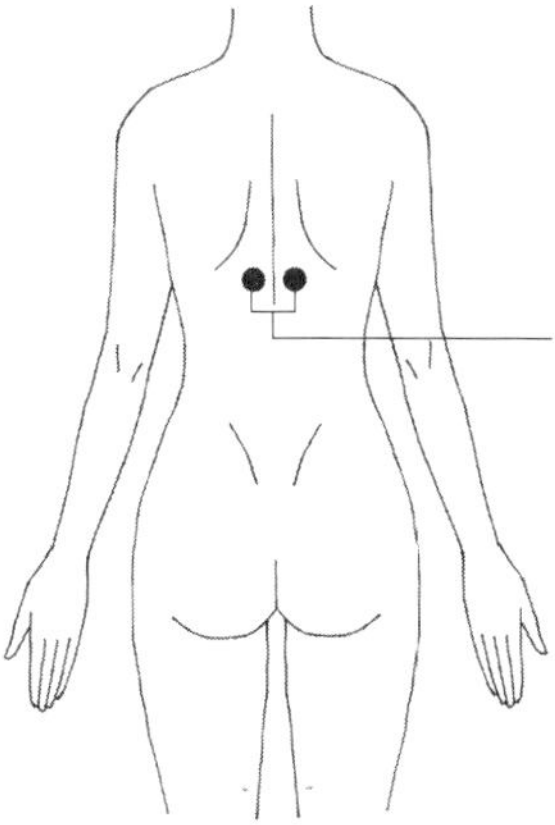

脾兪《ひゆ》
胃の裏側あたり、背中の中心から左右に指2本分外側。胃酸過多による「凝り」に効果的

経が優位になり、胃酸が急に増えます。この変化に胃腸が対応できず胃酸過多の状態になると、胃痛や吐き気、食欲不振などが起こり、ダイエットどころではなくなってしまいます。

そういうときは、背中が張ったり凝った感じになって、思わず食後に背中をトントンとたたきたくなっているものです。胃のちょうど裏側の背中にあるツボ「脾兪《ひゆ》」（上の図を参照）を押すと症状が楽になるので、こうした**ツボ押しを活用するなどして胃腸を整えてから、運動で「発散」するダイエットに励んでみてください。**

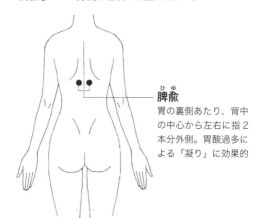

睡眠不足は太る、は本当です！

最近は「働き方改革」の一環で、仕事を朝型にして帰宅を早める動きが広がっていますが、早寝早起きの理想的な生活を送ることができている人は、まだまだ少ないようです。

実は、**早寝早起きは、ダイエットにとってとても効果的**です。逆に、夜更かしばかりしていていつも寝不足気味の人は、それだけで太りやすくなってしまうのです。

でも、患者さんに**「夜型生活で睡眠時間が短い人は太りやすい傾向にある」**と言うと、こんな反論が返ってくることがあります。

「睡眠中は起きているときよりも基礎代謝が低下するから、夜更かしして起きていたほうが消費エネルギーは多い。だから、痩せるはずです」

確かに、寝ている間の基礎代謝は日中と比べると6％～10％少ないというデータもありますが、夜更かしが太ることにつながることの問題点は、基礎代謝の違い以上に睡眠時間の短さにあります。ここでは、二つのエビデンスを紹介しましょう。

まず一つは、米コロンビア大学の研究グループによる解析です。32歳から49歳の男女を対象に、肥満度の指標であるＢＭＩ（Body Mass Index）と睡眠時間との関係を調べたところ、睡眠時間が４時間以下の人と、７時間から９時間とった人とを比べた場合、４時間以下の肥満率のほうが73％高いということが明らかになりました。

もう一つの調査は、30歳から60歳の男女約千人を対象に行った米スタンフォード大学による疫学調査です。５時間の睡眠をとった人は、８時間の睡眠者と比べて、食欲を旺盛にさせるホルモンである「グレリン」が約15％増加した一方で、食欲を抑制させるホルモン「レプチン」が約16％減っていたことがわかりました。

夜更かしグセのある人は要注意

このように、睡眠時間が短いと、カラダは食欲を増進させる方向に働いてしまい太る可能性が高まります。ですから、**35歳以降の「太りにくいカラダ」作りのためには、睡眠時間を減らさないよう意識しなくてはいけません。**

漢方でも、**夜の間に補われる「気」（エネルギー）や「血」（血液）が、夜更かしをすることで消耗し、結果的に、代謝の悪さや太りやすさにつながる**と考えられています。

さらに、寝床に入る時間が深夜や未明になってしまうことも、太りやすさに大きく関わります。次章で詳しく説明しますが、だらだらと遅くまで起きていることが多い人は、**就寝時間をまずは1時間、早めてみてください。**痩せる体質に関係するホルモンの分泌のために、入眠時間はとても大切な要素なのです。

また、よりよい睡眠のためには、日中カラダを使い、適度な疲労感があることも重要です。

セルフケア・ポイント

- よく動き、よく休息するというメリハリのある生活が、自律神経の働きを健全に保ち、痩せやすいカラダを作る。
- 毎日、起床後と就寝前に体重を量る。
- ダイエットは春が効果的。
- 胃腸の調子をツボ押しで整えるとダイエットの効果大。
- 睡眠不足と宵っ張りは食欲抑制ホルモンの大敵。

Tip 2 「腎気」あふれるカラダは太りにくい

——「腎」をいたわって若さと痩せの素地を整える

過労と睡眠不足で「太りやすく」なる

Ｔｉｐ１では、腎、肝、脾でコントロールされる「気」の働きを整えるための基本的なケアポイントについてお伝えしました。Ｔｉｐ２では腎のケアについて、じっくり考えてみましょう。

「太りにくいカラダ」作りの基本となる「腎」の働きについて、まずはおさらいです。

腎は、親からのエネルギー「先天の気」を蓄えているため、そのエネルギー総量は、生まれた段階からある程度決まっています。

この腎のエネルギー＝「腎気」は、28歳をピークに、それ以降は少なくなっていく（「女性のカラダは7の倍数で変化する」論）ので、何も対策を講じなければ、エネルギーレベルは下降していくばかりです。

腎は、西洋医学でいう腎臓の機能のほか、カラダを温めたり、成長や発育、老化に関わり、女性ホルモンを含めた生殖機能、水分代謝や歯、骨の機能などに関係していると考えられています。

そのため、腎気が減ってくると、やる気や元気がなくなるだけでなく、骨がもろくなり足腰が弱くなります。また、筋肉も落ち冷えやすくなり、脂質の代謝を促す女性ホルモンも低下することから、**腎気の減少は「太りやすく、痩せにくい」ことにつながっていきます。**

これらの「腎」の特徴をふまえると、**減っていく腎気を前の年と同じ状態に維持するだけでも、加齢太り対策にはプラスの効果がある**といえます。

腎気を無駄に減らさないようにするためのケアとしてはまず、**疲れすぎないこと**が大切です。

過労かどうかの目安は**「腰に違和感があるかどうか」**です。腎気が消耗すると腰が重く、だるい感じになってきます。思わず腰に手がいくようならば、「少し休まないといけない」というサインだと思ってください。

さらに、**睡眠不足も腎気を減らします。**Ｔｉｐ１で述べたように、夜更かしは「気」の消耗につながるからです。35歳からは、睡眠をきちんととることで「気」を補うように意識しましょう。

「腎」がつかさどる成長ホルモンは中性脂肪の分解を助けてくれる

成長や発育、老化に関わる「腎」は、内分泌と呼ばれるカラダの中でホルモンを分泌する器官の働きと関係があり、**特に成長ホルモンの働きと深く関わっています。**

ギリシャ語で「刺激する」という意味をもつホルモンは、脳からの指令を伝達するためにいろいろな臓器から出ている物質で、血液によって全身に運ばれています。暑さや寒さといった外部環境や体調の変化にカラダをうまく順応させる役割があり、現在わかっているだけでも70種類以上あるといわれています。

その一つの成長ホルモンは、脳の下垂体《かすいたい》から分泌され、子どもの成長を促すホルモンとしてよく知られています。

しかし、これは、子どもだけに必要なホルモンではなく、大人になってからも重要な役割を担っています。成長ホルモンには、筋肉量を増やし、骨や皮膚を強くする作用のほか、**脂質の代謝を促し中性脂肪の分解を助ける働き**があるからです。

筋肉量や骨の働きに関わるのは、五臓でいえば「腎」。つまり、**代謝と成長をつかさどる成長ホルモンの分泌が増えれば、それだけ腎の機能が高まり、さらに、加齢太りにも効果がある**ということになります。

では、どうしたら成長ホルモンの分泌を促すことができるのか。それには、**質のいい睡眠**をとることと、**筋肉トレーニング**を行うことが有効です。

前の項で、「睡眠は、腎のエネルギーを補充する」と紹介しましたが、就寝中には成長ホルモンの分泌も行われていることが確認されています。また、筋トレについても、2章でご説明したように、成長ホルモンの分泌を促す作用があるとわかっています。

ここからは、成長ホルモンの分泌をより活発にし、腎気を高めるための具体的な睡眠のとり方についてご説明しましょう。

12時にはベッドに入る――「シンデレラ睡眠」のススメ

漢方を含めた東洋医学では、一日のエネルギーの流れも「陽」と「陰」で考えます。

午前中は「陽」のエネルギーが徐々に強くなり、正午に「陽」がマックスに。そこから陽の勢いが弱まっていき、**真夜中の12時＝午前0時前後に「陰」に入れ替わります。**

「丑三つ時」といわれる、午前1時から3時の間には、今度は陰のエネルギーが極まり、夜明けが近づくにつれて陰が徐々に弱くなり、再び陽のエネルギーが強くなっていきます。

本来、陰のエネルギーが高い午前1時から3時は、カラダの機能が低下した状態にあるので、カラダを休め「気」や「血」の補充にあてるべき時間帯だといえます。

また、睡眠では、最初に浅い睡眠（レム睡眠）状態となり、時間が経つと深い睡眠（徐波睡眠）に移り、これらが交互に繰り返されていきます。成長ホルモンは、就寝後1時間以上経った後の深い睡眠のときに分泌され、逆にレム睡眠では分泌が抑制されます。

エネルギー（気）や血液（血）をチャージし、**しっかりと成長ホルモンを出すためのゴールデンタイムは、「午前1時から3時」**といえ、**その時間帯に深い眠りの状態にあることが大事**になります。

ベッドに入る時間を逆算すると、午前0時がタイムリミット。それを過ぎると、シンデレラの魔法が午前0時でとけるように、ダイエットの効果も失われてしまうといえるでしょう。

さらに、「腎」のつかさどる成長ホルモンの分泌を促すためには、十分な深い眠りの時間が必要なので、**ちょこちょこと細切れに寝るよりも、まとまった睡眠時間をとったほうが効果的**といえます。

「塩辛い味」「ネバネバ食品」は腎気を補てんする

なかなか減らない脂肪の代謝を促すためには、**腎気の無駄遣いをなくす「出る」ケアだけでは、実は不十分**です。睡眠でエネルギーを補うように、減っていく腎気を補てんする**「入り」のケアもあわせて、ダブルで腎気を考えていく**ことが肝要です。

まずは食事から。

漢方では、味の性質を**「甘い」「辛い」「塩辛い」「酸っぱい」「苦い」**の五つに分

五臓と五味の関係

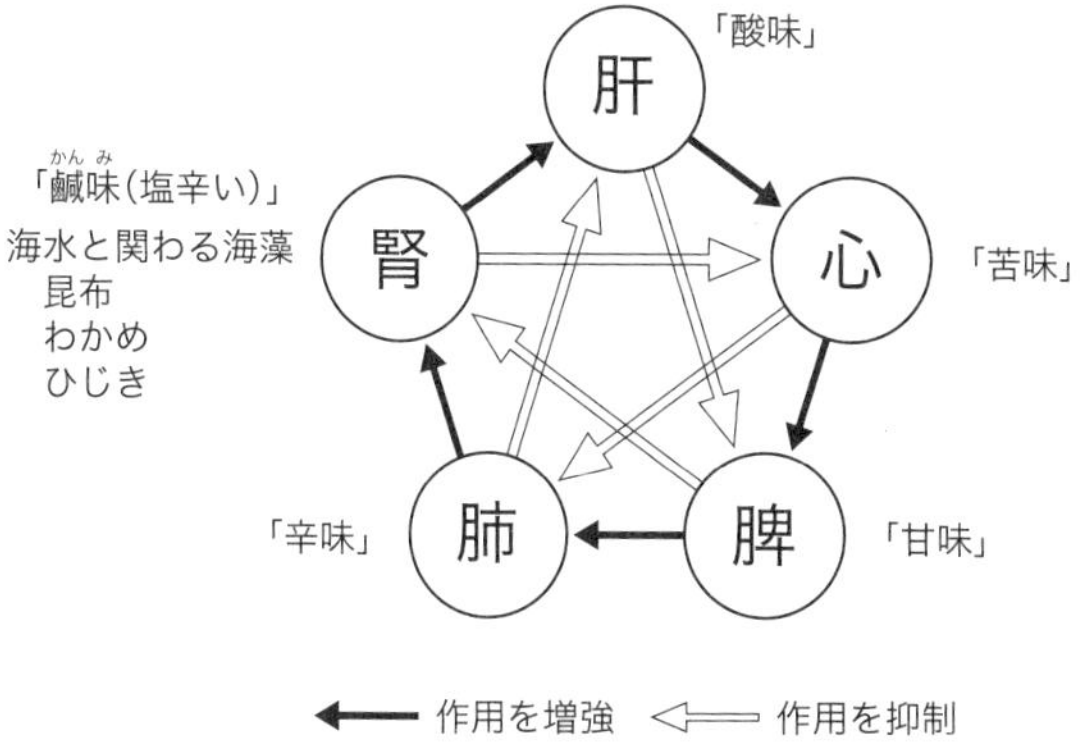
肝
「酸味」
心
「苦味」
脾
「甘味」
肺
「辛味」
腎
「鹹味《かんみ》(塩辛い)」
海水と関わる海藻
昆布
わかめ
ひじき
作用を増強
作用を抑制

けて**「五味」**と呼び、それぞれの味が「五臓」と関係しながら、互いに作用しあってバランスをとろうとしていると考えられています。

「腎」の働きを高めるのは、五味でいうと「塩辛い」味となります。塩辛い味の源である海水に関わりのある**昆布やわかめなどの海藻類や、エビ、貝類**などの食材が含まれます。

また、**塩やみそ、しょうゆ**も塩辛い味に入るので、こうした調味料を使った日本食は腎気を補うのには効果的といえます。ただし、注意しなければいけないのは、とり過ぎによる高血圧と

「腎」をケアするのはこんな食材

黒い食材：黒豆、黒ごま、黒米、黒きくらげ

ネバネバ食品：山芋　なめこ　もずく

海水に関わる食品：わかめ　昆布　ひじき　エビ　いか　貝類　鯛　かつお　いわし　イトヨリ　ドジョウ　すっぽん　うなぎ　たなご

木の実・豆その他：栗　クルミ　マッシュルーム　きにら　ナタ豆　うど

いった血液循環系の異常です。

漢方の見方でも、塩辛い味が過度になると、五臓のうちで血液循環をコントロールしている臓である「心」を傷つけます。

塩辛い味のとり過ぎ防止には、五味のうちの「苦い」味が効果的です。たとえば、塩を使う場合に、「苦い」味の「にがり」が含まれている天然塩を選ぶようにするといいでしょう。

このほか、**山芋、なめこ、もずくといった「ネバネバ食品」**も、腎気を養うのに効果的です。

「スイーツ・アディクション」には酸味で対抗

ストレスが強いときに甘い物が食べたくなる——こんな経験をしたことがある方は多いでしょう。

江戸時代の古典に、「甘草は急迫を治す」という記述があります。砂糖の何十倍もの甘味がある甘草という薬草をイライラしているときに処方すると、気分を安定させ、気持ちを落ち着かせる効果があるという意味です。甘い物を食べると、一時的ではあるものの、リラックスできるのも事実です。

ただ、やはり「過ぎたるは及ばざるが如し」。五臓と五味の関係でいうと、**「甘い味」**は、Ｔｉｐ３でもご説明しますが、「脾」（胃腸）の働きを補うことにはなるのですが、**とり過ぎると、今度は「腎」にダメージを与えてしまいます。**

腎のエネルギーを減らさないようにすることは、加齢太り対策において最重要ポイントである以上、腎へのダメージは最小限にとどめなくてはいけません。

甘い物が一時的にストレス軽減につながるとはいえ、「やめられない、止まらない」状況は、35歳以降は、もっとも避けなくてはいけない事態です。でも、ストレスを受けているときは、「クッキーは3枚までやめよう」などと思っていても、なかなか冷静に行動するのは難しいものです。

そんな患者さんには、**「酸っぱい味の食品をとるように」**とアドバイスしています。五味との関係でいえば、**酸味が甘味を抑制してくれるからです。**

酸味の食品は、梅干しや酢、グレープフルーツ、クランベリー、すもも、さくらんぼ、イチゴ、ライチなどが代表的です。

「甘い物をついつい取り過ぎているなと感じたら、酸味をとるときだと、パブロフの犬のように条件反射しています」と話す患者さんの域に達すれば、甘い物の食べ過ぎが抑えられるとともに、甘味自体をあまり欲しないようになるので、脂肪が体内に溜まることを防止でき、ダイエットにいっそう効果があるといえましょう。

ストレスを受けてイライラしたり、逆に落ち込んで「思わず甘い物に手が伸びる」のが度を越し、**「スイーツ・アディクション」（甘い物中毒）とも呼べるような**

状態に陥りそうなときには「酸味」——と覚えておいてください。

「大きな筋肉」を鍛えて代謝を高める

筋肉には、お腹の中心部や背中、お尻や太腿にある体積が大きい筋肉と、腕やふくらはぎなど、体積が比較的小さい筋肉とがあります。

太りにくいカラダを作るための筋トレで、まず鍛えてほしいのは、大きな筋肉です。

それにはいくつかの理由があるのですが、まずは漢方の観点から。

「腎」は足腰など下半身の機能と関係するため、腎ケアに効果的な筋トレは、スクワットなどで大きな筋肉のある下半身を鍛えることだといえます。また、大きな筋肉は、小さい筋肉よりも使うエネルギーが大きく、エネルギーを生産するパワーも強いので、大きな筋肉を鍛えることは、効率よく脂肪を燃焼・分解することにつながります。

スポーツクラブに行く習慣がなく、「突然、筋トレと言われても困る」という方は、**家の中でペットボトルやダンベルを使って筋肉に負荷をかける**ことから始めてみてはいかがでしょうか。

日常生活の中では、スポーツ用品店で入手できる足首用の重り（アンクルウエイト）をつけて家事をするのも一案です。少し慣れてきたら、プールの中でのウォーキングやエアロビクスなどでカラダを動かしてみましょう。水圧による負荷がかかるので、空気中で動作をするよりも無理なく筋肉に大きな刺激を与えることができます。

エクササイズの基本や年代ごとに必要な加齢太り対策のトレーニングなどについては、Ｔｉｐ５と４章から６章で、フィットネストレーナーの西沢実佳さんが考え方や具体的な方法を紹介しているので参考にしてください。

疲れに効くツボ「腎兪」「湧泉」

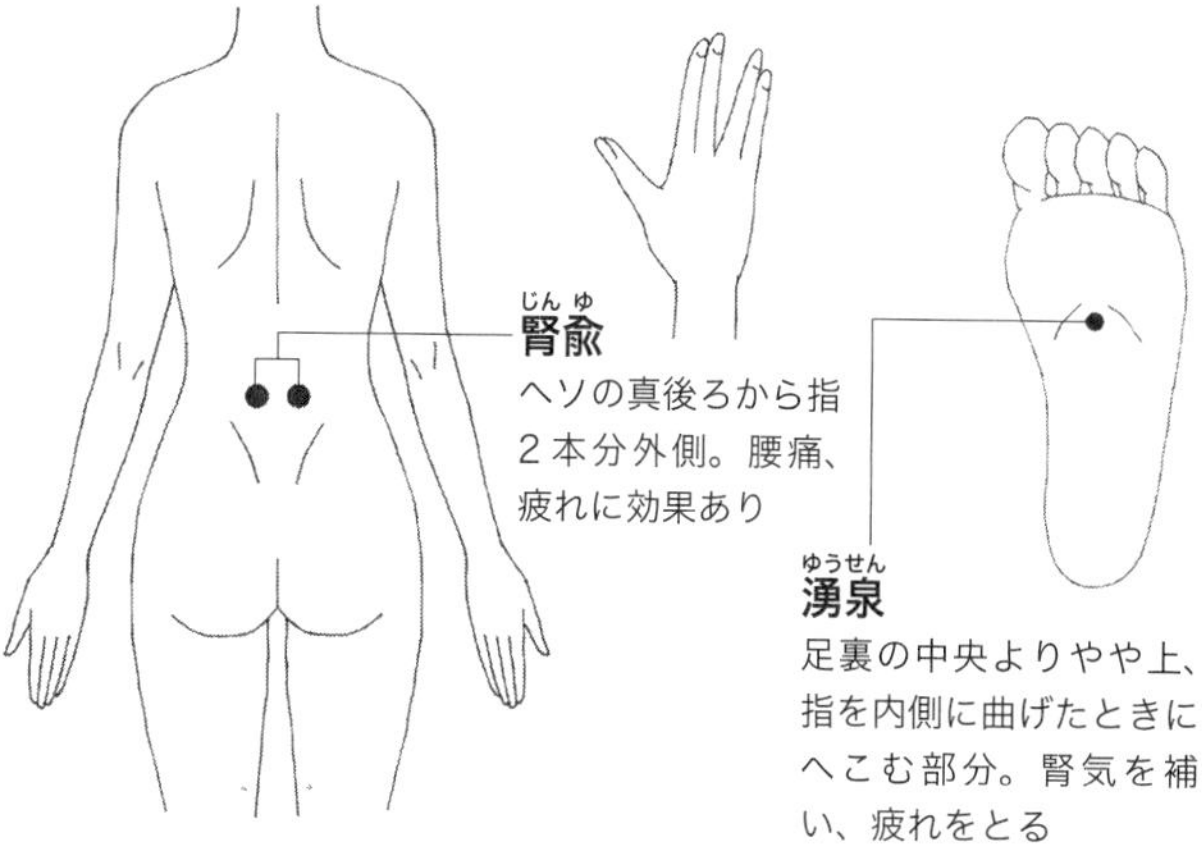
腎兪《じんゆ》
ヘソの真後ろから指2本分外側。腰痛、疲れに効果あり
湧泉《ゆうせん》
足裏の中央よりやや上、指を内側に曲げたときにへこむ部分。腎気を補い、疲れをとる

腎をケアするツボ刺激で痩せやすいカラダを作る

さらに、全身のエネルギーの通り道（経絡）の要所にあるポイント「ツボ」を押すことで、腎をケアすることもできます。具体的には**「腎兪《じんゆ》」**という、**おヘソのちょうど反対側の背骨から指幅2本分外側にあるツボ**です。（上・左の図）先ほど例に挙げた腰痛のときなら「痛気持ちいい」程度に押すと楽になるでしょう。

また、足の裏の土踏まずよりやや上

で、足の指を内側に曲げたときにできるくぼんだ部分のツボ**「湧泉《ゆうせん》」**(109ページ・右の図)は、言葉の通り「エネルギーが泉のように湧き出る」効果があると言われています。疲れたときには、ゴルフボールに足をのせて、ツボを刺激してみてください。

セルフケア・ポイント

- 「腎」を労わって成長ホルモンの分泌を促し、加齢太りにストップをかける。
- 夜更かし・寝不足はNG。
- 大きな筋肉を鍛えて、ネバネバ食品で腎気を補てん。
- 甘い物を食べ過ぎそうになったら「酸っぱいもの」を。

Tip 3

食べ方を変えれば代謝がよくなる
——「脾」をケアする「一食入魂」のススメ

「NO間食」で脾を労わって加齢太りにストップをかける

食事を極端に増やしたわけでもないのに、「なぜかどんどん体重が増えていく」と語る40代の患者さんの食生活をお聞きしたところ、「何か、口寂しいことが多いので、職場のロッカーにスイーツを常に入れています」

とのこと。

「口寂しい」というのは、ストレスを受けるなどして気を紛らわしたい状況で、物理的にお腹が空いているという状態ではないことが多いものです。35歳以降は、特に空腹感もないのに**「つい間食してしまう」こと自体が体重増加に直結し**ますので、「おやつ」は特に要注意です。

食欲、消化吸収といった**「食」に関する働きをつかさどるのは「脾」、つまり「胃腸」**です。

漢方の視点から見ると、食べ物を消化吸収する「脾」は、日々のエネルギー「気」を作っているところです。**脾が弱ると、ますます代謝も悪くなり、加齢太りが加速していきます。**

代謝が悪くなっていく中で「入り」のエネルギーを増やしてしまえば、当然、余分なエネルギーが脂肪となって体内に溜まり、太りやすくなります。しかも、きちんと消化できていないところに、次から次へと食べ物が胃腸に送り込まれてしまうと、胃腸がずっと働き続けることになり、消化吸収の能力も自然と落ちてしまいます。

まずは**毎日決まった時間に「食事」（間食ではなく）をとり、「お腹がすく」という感覚を味わってみてください。**

「朝食10：昼食8：夕食6」で「快腸生活」を

寝るのにもエネルギーは必要ですが、とはいえ、寝ている間の基礎代謝は日中と比べると6〜10％少ないので、起きて活動するほどには必要ありません。

35歳からの夕食について、守っていただきたいのは次のことです。

第一に、**夕食の時間に注意する**こと。

寝る前ギリギリまで食べているなど、睡眠中も胃腸が働かなければならない状況にあると、カラダが休まらないのでぐっすり眠れず、成長ホルモンの分泌も悪くなり、太りやすくなってしまいます。

夕食は、寝る3時間前までには終えましょう。

第二は、**食べる量のバランスに気を配る**ことです。

量の目安として、私はよく患者さんに、**朝食の量を10とした場合、昼食は2割**

減らして8とし、夕食はさらに2割引いて6くらいにすることをおすすめしています。

一日の食事で、もっとも大事なのは、朝食です。朝にカラダを温め活動的にすることで、一日のエネルギー消費量を増やすことにつながります。また、朝食なら、ちょっと食べ過ぎたとしても、日中の活動で余分なエネルギーを使うこともできるので、夕食での過食よりも、カラダに脂肪が溜まる可能性が少ないといえるでしょう。

この比率を実践した患者さんは、「最初は夕食後に空腹感が強かった」そうですが、「慣れてくると、抜きがちだった朝食が食べたくなり」(空腹なのですから、当然ですね)、「とても美味しいと感じた」とおっしゃっていました。

夕食の量を少なくすることが太らないカラダにとって大切な理由の一つは、胃がぜんどう運動という、収縮して「胃腸の中を掃除する働き」を空腹のときにより強く行うためです。

空腹状態の睡眠中に胃が収縮して、すっかり胃腸を掃除し、朝に起きたときに、それを便として出す――このような、次の食事をするための準備が十分にできるプロセスが胃腸にとっては理想的な状態なのです。特に35歳からは、この状態が目指すべき「快腸生活」の姿といえます。

また、夕食を少なめにして**「空腹感」を覚えることは、便秘解消にも効果的**です。便秘になると、排出されるべきものが体内に残っているため単純に体重が増加するだけでなく、腸内環境が悪化し、腸が余計な糖や脂質までも吸収するので太りやすくなりがちなのです。

まずは、「朝食10、昼食8、夕食6という一日の流れを意識し、**間食はとらずに少しずつ量を減らしていく感じ**」から試してみてください。

「会席コース風」の食材と順序を意識して食べる

35歳以降の太らないカラダのための食べ方の第三のポイントは、2章でも少し触れた、食材を食べる順番です。

今日から気をつけていただきたいのは、**「主食を先に食べてお腹いっぱいにしない」**こと。なぜならば、ご飯やパン、うどんといった主食の主な栄養素の炭水化物だけでは、加齢太り対策のために必要なほかの栄養素が不足してしまうからです。

炭水化物を口にする前に食べていただきたいのは、次のような食品です。

野菜 野菜の食物繊維は腸内環境の調子を整え脂肪の吸収を抑える働きがあります。

海藻類 海藻類のアルギン酸と呼ばれる食物繊維には、体内の余分な塩分やコレステロールを排出する作用があり、ミネラルも豊富でノンカロリー。

キノコ類 たとえばシイタケには、エリタデニンというコレステロールを低下させる成分が多く含まれています。

また、特に**35歳以上の女性に上手にとってほしい栄養素は「タンパク質」**です。

糖質、脂質と並ぶ三大栄養素の一つであるタンパク質は、内臓や血液、皮膚、髪、爪など、カラダの多くの組織を作るベースとなりますが、なかでも注目すべき働きは、**加齢太り対策のキーワードの一つである「筋肉」を作る**ことです。

筋肉はエネルギーを消費するとともにエネルギーを生み出します。筋肉を使ったトレーニングは中性脂肪を分解する成長ホルモンの分泌を促します。太りにくいカラダ作りに「筋肉」が必要不可欠な存在であることは、これまでの説明でおわかりでしょう。

しかし、最近では、日本人のタンパク質の摂取量が年々、減っています。厚生労働省がまとめた「国民健康・栄養調査」によると、日本人の現在のタンパク質の摂取量は1950年代と同じくらいまで落ち込んでいます。同じく厚労省は「日本人の食事摂取基準」で、18歳以上の女性に一日50gのタンパク質の摂取を推奨していますが、その量をとれていない人も増えているのです。

そこで、おすすめしたいのが、日頃の食事で、**和食の会席料理で出てくる料理**

「脾」をケアする食材を会席コースの順序で食べる

① 最初は生野菜や海藻類など繊維質の多い食品から食べる
② サラダや酢の物を少し食べてから、魚や肉を食べる
③ ご飯は、おかずの合間に食べる（おかずでお腹一杯になったら残す）

のようなメニューを、会席料理の順番に沿ってとる方法です。

一般的な会席のコースは、先付にはじまり、お椀、向付（お造り）、焼き物、八寸、炊き合わせ、酢の物と続き、最後にご飯や麺類、デザート（果物）となります。野菜やお刺身などで食物繊維やタンパク質などをとってお腹を満たした後に、炭水化物をちょっとだけ食べるという流れは、栄養バランスを考えたダイエットには理想的です。

この順番を応用すると、たとえば昔ながらの日本型の献立「一汁三菜」

（ご飯に汁もの、おかず主菜1品、副菜2品の3種）の場合なら、**まず主菜と副菜に箸をつけて合間に汁ものを飲み、主食はなるべく後に食べてみる**という流れです。

鍋料理は、野菜をはじめ、こんにゃくやキノコなどの繊維質、豆腐、魚や肉のタンパク質をバランスよくとれて、最後に少しのご飯でも鍋に入れると満腹感が得られますので、とてもおすすめです。洋食なら、メインディッシュの前にパンでお腹をいっぱいにしないように気をつけてみてください。

寝る前の甘味におすすめなのは、甘酒

いくら夕食は少なめに、といっても、午後6時に食べて、急な残業で10時過ぎまで働いて帰宅が11時半、などとなってしまったら、お腹が空き過ぎてしまって、かえって寝付けないという場合もあるでしょう。

「空腹感」が大事とはいえ、漢方では**過度なことは（少な過ぎることも）**、**カラダ**

には悪いと考えます。

そんな空腹状態のときには、とかく甘いものが欲しくなるものです。この理由は、漢方の五臓と五味との関係（１０３ページの図を参照）で説明できます。「甘い味」は脾の働きを助けてくれるため、空腹で「脾」が弱っているときには、カラダが無意識のうちに甘い味を欲するのです。

また、エネルギーが不足しているときには、甘い物を食べることで手っ取り早くエネルギー補給ができるという利点もあるので、「空腹時に甘い物」というのは、ある意味、理にかなっているのですが、**就寝前に食べる際には、量と、脂質やカロリーの高さに注意**しなければなりません。

食べる量が多いと寝ている間に胃腸が休まりませんし、特に甘い物を多くとり過ぎるとむしろ「脾」に負担がかかるだけでなく、「腎」の働きを抑制してしまうことから、腎気を減らすことになり、加齢太り対策にはデメリットとなります。

さらに、白砂糖やバター、生クリームを使ったスイーツ類の脂質は往々にして、寝るだけに必要な量よりも多いエネルギーを含んでいますから、余分な脂質が脂肪となって体内に蓄積していってしまいます。

そのため、「どうしても寝る前に甘い物を食べたい」という患者さんには、お菓子類ではなく、**常温か少し温めた甘酒をコップ三分の一から二分の一くらい**飲んではどうかと伝えています。

「飲む点滴」ともいわれる甘酒は、「酒」とつくもののノンアルコール。しかも、砂糖を使っていないのに甘味があり、糖の代謝に必要なビタミンB群も含まれています。

その上、甘酒の原料となっている麴菌には、抗ストレス効果のある神経伝達物質のγ-アミノ酪酸（GABA）を生成する働きがあります。さらによい睡眠には欠かせないホルモン、メラトニンの原材料となるトリプトファンなどのアミノ酸も豊富に含まれています。

ただ、冷えた状態や水分のとり過ぎは安眠の妨げになるので、温度や量には気をつけてください。

35歳以降は、夜食一つにしても、「加齢太り」を意識し食材を選ばなくてはいけません。一球一球に全力を傾けるという意味の野球用語「一球入魂」にならい、すべての食事に英知を結集させていく必要があるという意味で、「一食入魂」の精神が大事だと、肝に銘じましょう。

セルフケア・ポイント

- 「朝食10、昼食8、夕食6」という一日の流れを意識する。
- 間食はやめて、「お腹が空いた感」をきちんと味わう。
- 会席料理のメニューと順序を意識する。
- 野菜・海藻類・キノコ類を先に食べ、タンパク質もしっかりとる。
- 寝る前の甘味におすすめなのは、甘酒。

Tip 4 「肝」をケアすれば『体脂肪分解スイッチ』が整う

――巡りをよくして自律神経をコントロール

交感神経が脂肪分解のカギになる

「腎」と「脾」とともに、加齢太り対策のキーとなる五臓の一つ「肝」は、**全身のエネルギー＝「気」の巡りを調整するほか、自律神経の働きが乱れないようにコントロールする**役割も担っています。

自律神経の働きが乱れるというのは、活動神経である交感神経と、リラックス神経の副交感神経との切り替えがうまくいかなくなること。過度なストレスがかかったときにも生じます。

ただ、「太りにくいカラダ」作りという点からいうと、2章でもご説明したように、「ストレス＝ダイエットの敵」という考えは誤解で、適度なストレスなら、加齢太り対策にはむしろ効果的なのです。その理由は、**適度なストレスが交感神経の働きを刺激し、その結果、脂肪の分解が促進される**からです。

この項では、脂肪分解に交感神経が関与するメカニズムを、もう少し詳しくお話ししましょう。

食欲を抑えるホルモンが脂肪から分泌される!?

脂肪についての研究は近年、とても活発に行われています。たとえば、体内の脂肪細胞に関する研究では、従来、余った栄養を蓄積するとみなされていた脂肪に、脂肪を燃やす働きもあることがわかってきています。

脂肪細胞には、大きく分けて脂質をエネルギー源として蓄積する「白色脂肪細胞」と、脂質を燃やして熱を作る「褐色脂肪細胞」とがあります。

「最近、太り気味かな……」と気づく**体形の変化は、白色脂肪細胞が皮下や内臓の**

周囲などにつき、しかも細胞が大きくなり数も増えていく結果だと考えられています。

しかし、さらに、近年の研究では、この「太る原因」の**白色脂肪細胞から食欲抑制ホルモンの「レプチン」が分泌され、食べ過ぎを防止したり体脂肪を減らしたりする**ことが明らかになりました。

食欲抑制ホルモンのレプチンが血液中に入ると、脳の視床下部に刺激が行き、満腹中枢が活性化します。すると脳は「もうお腹がいっぱい」と満腹を感じ、食欲を抑えるよう指令を出します。

同時に、同じく視床下部にある交感神経中枢も刺激され、**交感神経の働きが高まり代謝が上がります。**これにより、体脂肪量が減少します。

また、レプチンによって活動が高められた交感神経は、褐色脂肪細胞にも影響を与えます。白色脂肪細胞が分解した中性脂肪の一部を褐色脂肪細胞が消費し、**熱を作り出すためのエネルギー源として活用する**のです。

つまり、交感神経が刺激されることで、白色脂肪細胞の中の余分な中性脂肪は分解され、褐色脂肪細胞によってどんどん燃やされ、最終的には熱に変わっていく。しかも満腹中枢が活性化することにより、むやみな食べ過ぎも防ぐ――という素晴らしいメカニズムがカラダの中に備わっている、ということになります。「それなら、脂肪をとっていれば太らないはず」と思ってしまいそうですね。しかし、残念ながら、そう単純ではないのが脂肪の世界です。

実は、体脂肪が多い肥満者の多くは、血液中のレプチンの値は高いにもかかわらずレプチンが効きにくく、脂肪の分解効果が発揮されていないという報告があります。ただしこれは体脂肪が多過ぎるケースで、運動や食事療法で体重を正常に戻すと、レプチンの効果は戻るそうです。

体脂肪も加齢太り対策に役に立つとはいえ、多過ぎるとせっかくのレプチンの効果が期待できないというわけです。やはり「脂肪も中庸が一番」ということになりますね。

「肝」の状態がよいと、交感神経⇕副交感神経がうまく切り替わる

この脂肪分解のメカニズムが機能する大前提として、「肝」の状態が良好で、自律神経が正しく働き、交感神経と副交感神経のスイッチがスムーズに行われなくてはいけません。

いわば、**自律神経の切り替えこそが、体脂肪の分解を促すためのスイッチ**といえるのですが、実際に生活をしていると、このスイッチがなかなかうまく機能していないことも多々あります。

たとえば、休日に特に予定もなく家にいるとき、お腹が空いていないのにダラダラと食べ続けてしまう――。こんな経験はありませんか。

これは、まさに、交感神経と副交感神経がうまく切り替わっていない典型例といえます。

日中は本来、交感神経が優位になっている「ON」の状態であるべきなのですが、**ずっとリラックスしたままでいると、日中でも副交感神経が強く働く「OFF」**

状態になってしまいます。

副交感神経は胃腸の動きを活発にする働きがあるので、**交感神経のスイッチが入っていないと、いつでも食べ物が欲しくなり「ダラダラ食べ」をしてしまう**のです。

この「ストレスがなさ過ぎる」状態、35歳からの女性の多くに心当たりがあるのではないでしょうか。

「仕事に慣れてきたものの何か張り合いが感じられない」

「自宅と会社の往復で日常に変化がない」

「子どもに手がかからなくなったことで、ぽっかりと心に穴が開いた」

――など。

いずれも副交感神経が優位になりやすい状態です。「仕事を楽にこなせる」「大過なく過ごせる」「面倒がなくなった」ことはプラスともいえますが、一方で「張り合い」や「非日常」「心の充実」を持ち続けることで、**交感神経を高めて体脂肪分解スイッチを入れないと、加齢太りに向けて一直線状態**になってしまいます。

適度な緊張感を保って脂肪を分解！

ＯＦＦが優位なストレス「なさ過ぎ」の状態からＯＮに切り替えるにあたり、ぜひ**「適度な緊張を保つ」**ことを心がけてください。

「適度な緊張」は「適度なストレス」と言い換えることもできます。ご自身で目標を作り、それに向かって緊張感を持つ時間を意識的に作りましょう。

メリハリの少ない生活に、あえて**「ちょっと気の張る」イベントを盛り込む**のです。

始めやすいこととしては、カラオケやダンス、絵画など何か習い事に通ってみるのもおすすめです。**定期的に発表会があるようなスクール**が特によいでしょう。「発表会に向けて集中する」「他人に見られる」ことは緊張感につながり、さらに定期的に開催されることで緊張感を保つことができるからです。

また、緊張感は「ワクワク感」や「ドキドキ感」でもあります。大事にしているお気に入りの服やスカーフやバッグ、パンプスなど、ご自身の**「気分が上がる」ものを、ふだんから目に入る場所に置いておくだけでも、ON状態が強まります。**

さらに、好きなアーティストのファンイベントやディナーショーに行くことや、好きなスポーツを観戦し、贔屓のアスリートを応援するといった行動も、自律神経の働きを整えるのに大いに役立ちます。

ただ、くれぐれも「適度」にとどめてくださいね。「過度なドキドキ感」は、逆効果です。

身近な目標がONへのスイッチになる

OFF状態が優位な患者さんの診察時には、このようにアドバイスをしていますが、一方で、OFFからONへの「一歩」がなかなか踏み出せない方も少なくありません。

週末の休みが終わる日曜日の夕方にうつうつとした気分になってしまう「サザエさん症候群」のように、月曜日に出社してもやる気が出にくい状況に似ているといえば、わかりやすいでしょうか。

そんなときには、**「少し頑張ればできる目標を掲げて、それに向かって目の前のことを一つ一つ達成していきましょう」**と声をかけ、患者さんの背中を押すようにしています。

「ペアップル体型にならないように」という目標を掲げて、久しぶりに同窓会に出席することも、れっきとした加齢太り対策の「はじめの一歩」になります。

体形を気にする女性は多いので、こうしたダイエットを目標にすえ、「一歩」を踏み出してみる手法は、取り入れやすいのではないかと思います。さらに、この「一歩」をきっかけに、日常のほかの行動でも目的意識をもち、充実した毎日を送ることができれば、ＯＮとＯＦＦの切り替えはますますスムーズになります。

夜は香りでクールダウンしてよい眠りを

交感神経が脂肪の分解を促進するとはいえ、実は、**一日中、交感神経が優位になっていると、逆に太りやすくなる**可能性も出てきます。

その一つの例が、Tip 1で説明した、睡眠時間が短くなり、食欲を増してしまう原因を作る**「不眠」**です。

夜に眠りにつくためには、日中活動した交感神経をクールダウンさせ、副交感神経が優位になるように切り替えなくてはなりません。その際にもエネルギーが必要となるのですが、徐々にエネルギーが減ってきている35歳を過ぎた世代では、クールダウンがうまくいかないケースが出てきます。

特に、日中に頑張り過ぎてしまうと、交感神経もフル活動し、クールダウンさせるためのエネルギーも大きくなります。しかし、それだけのエネルギーがカラダに残っていない場合は、**夜になっても交感神経がクールダウンできずに興奮したままの状態に……。これが「不眠」につながるのです。**

自律神経を香りで切り替えてリラックスする／覚醒させる

リラックス	覚醒
ラベンダー	ペパーミント
マジョラム・スイート	ハッカ油
カモミール・ローマン	ローズマリー
オレンジ・スイート （オレンジの果皮）	ジュニパーベリー
オレンジ・ビター（ダイダイの果皮）	レモン
プチグレン（ダイダイの葉）	グレープフルーツ
ネロリ（ダイダイの花）	ユーカリ

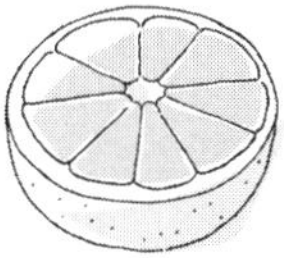

35歳を過ぎたらクールダウンできないほど交感神経を高ぶらせないよう、「無理は禁物」なのですが、昼間頑張り過ぎてしまって交感神経が高ぶっているようなときには、強制的にクールダウンさせましょう。

手軽にできるのは、**リラックスして眠りを誘う効果があるといわれる香りの活用**です。

たとえば、みかんの皮を乾燥させた**「陳皮《ちんぴ》」**は、漢方薬の材料にも使われ、リモネンを主成分とする香りはリラックス効果があるといわれています。

エッセンシャルオイルでは、ダイダイ

の果皮から抽出した**「オレンジ・ビター」**や葉っぱ部分の**「プチグレン」**、花の**「ネロリ」**など。

ほかにも、オレンジの果皮から抽出された**「オレンジ・スイート」**や、**「ラベンダー」「マジョラム・スイート」「カモミール・ローマン」**といったオイルは、リラックス効果が高いといわれています。

ご自分が「リラックスするな」と感じるオイルを見つけて、入浴のときの湯船やディフューザーに数滴たらして香りを楽しむことで、自律神経の働きを整えてみてください。

背中の凝りを取ると、代謝が上がって痩せ体質に

交感神経の働きを抑えるもう一つの方法は、**背中の凝りを取り除く**ことです。

実は、五臓の「肝」の働きは自律神経だけでなく筋肉にも関係していて、肝の動きが乱れる、つまり**自律神経の働きが乱れると、筋肉運動がスムーズにいかず、**

「肝兪」を押して背中の凝りを和らげる

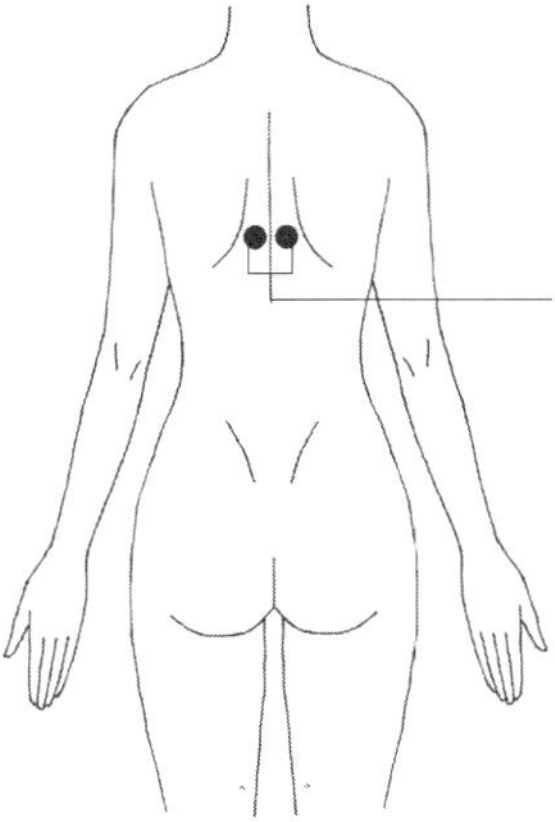

肝兪《かんゆ》
第9胸椎の出っ張りの下（左右の肩甲骨の下端を結んだ線の中央が、脊椎の第7胸椎になる。そこから2つ下の背骨の凹み）、そこから指2本分外側

凝りや筋肉の痙攣《けいれん》などが起こりやすくなるのです。

特に背中の凝りは、交感神経が過剰に働いてカラダが緊張状態となり、筋肉がこわばることで起きやすくなります。**背中の凝りを取り除くことができれば、交感神経のクールダウンにつながっていきます。**

カラダの背面を全体的にマッサージするほかに、背中の凝りの解消に有効なツボも紹介しておきましょう。

「肝兪《かんゆ》」という、ブラジャーの後ろホックがあたる真ん中の背骨から指の幅2本分外側にあるツボ（上の図を参

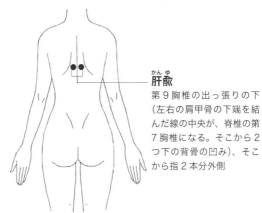

照）は、その字が表すように「肝をやわらげる（癒）」効果があるとして昔から有名です。

さらに、「肝」には血液を貯蔵して全身に栄養を与える役割もあるので、**自律神経の働きを整えると全身の血行がよくなり、代謝も上がります。**「肝」をケアすることは、加齢太り対策のトレーニングの効果を高めることにつながるといえるでしょう。

セルフケア・ポイント

- 副交感神経から交感神経への切り替えは体脂肪分解スイッチ！
- ＯＮとＯＦＦの切り替えには「好きなもの」「ワクワクすること」が効果的。
- クールダウンしづらいときは、香りやツボ押しで緊張を解く。

Tip 5

太りやすく痩せにくくなったら始めたい、ウォーミングアップ

——ウォーミングアップの基本は「呼吸」と「姿勢」

「深い呼吸」で腎を鍛え、姿勢を整えて「肝」を労わる

次章から加齢太りにストップをかけるためのエクササイズを年代別に紹介するにあたり、ここでは、その基本となる考え方をお話ししたいと思います。

エクササイズの方法を教えてくださった西沢実佳先生にうかがった大切にすべきことも織り込みながら、お話ししていきます。

Ｔｉｐ１でもお伝えしましたが、「運動」は私たちのカラダのバランスを保つ「養生」の一つです。35歳からのエクササイズで、漢方の面からも注意すべき点はいくつかありますが、その第一は**「呼吸」**です。

呼吸をするのに大切な働きをしているのは、漢方でも西洋医学でも「肺」ですが、漢方では、さらに**「腎」も呼吸に関わっている**と考えます。肺は空気を吸うことで「後天の気」を作り、腎が肺で吸った気を体内に深く入れるという、「吸う機能」をサポートしています。

この**「深く吸う力」**を強化するための手っ取り早い方法は、**ふだんから腹式呼吸などの深呼吸を行うこと。**「深い呼吸」は、腎を鍛えることにもつながるため、加齢太り対策には必須なのです。

西沢先生に教えていただくフィットネスの世界でも、**「エクササイズの効果を上げるには、まずは呼吸と姿勢から」**というくらい「呼吸」は大事です。

筋肉や関節の動きのよくない方は「浅く短い呼吸」をしていることと姿勢の乱れがあることが多く、**エクササイズの前にまずは「深く長い呼吸」を行えるように**

して姿勢を整えると、カラダのいろいろな機能が改善され、エクササイズの効果もアップするそうです。

ふだんから浅く短い口呼吸をしている方は、鼻から息を吸って深呼吸をしようとしても「深く」吸うことができないので、**「好きな花の匂いをゆっくり嗅ぐ」**ようなイメージで深い呼吸のコツを掴みましょう。

漢方でも、**「腎」の働きが弱いと、呼吸が浅くなったり息切れしやすくなり、気＝エネルギーも体内に巡らず、結果的に加齢太りにつながりやすくなる**と考えます。

さらに「肺」の働きが悪くなると、五臓の「肝」に影響が及び、自律神経の働きが乱れます。

自律神経の乱れは体調の変化につながりやすいので不調に気づくことができるのですが、自律神経の乱れを引き起こす呼吸の乱れについては、だれもが無自覚に行っていることなだけに、自分が「浅く短い呼吸」をしていると意識するのが難しいでしょう。

首や肩の凝りは、「浅い呼吸」のせいかもしれません

自分の呼吸を意識するために西沢先生に教えていただいた簡単な方法は、**首や肩の凝りがひどかったり、姿勢がいつもより前かがみ**になっていないか、チェックしてみることです。また、たとえば20秒間といった時間を決めて、息を吸ったり吐いたりをときどき試してみて、**呼吸の長さや深さを確認する**こともおすすめです。

日常の無意識な状態で息を吐くこと（呼気）は、主に横隔膜を緩めることでできる、カラダにとっては楽な運動なのですが、空気を吸う（吸気）という運動は、そう簡単にはいきません。ですから、**「浅く短い呼吸」の方は、特に吸気に問題がある場合が多い**のだそうです。

深く息を吸うには横隔膜を収縮させることが大切ですが、横隔膜の収縮がうまくできないと、カラダは首や肩の周りの筋肉を使って息を吸い込もうとします。

この状態が続くと、首や肩周りが緊張しやすくなり、凝ったり、姿勢も悪くなっ

たりしがちです。

このため、「よい呼吸」を行うためには、**横隔膜の動きに注意を向けることが大事**です。

エクササイズのウォームアップやクールダウンのとき、「よい呼吸」に導くための、**ウォーミングアップ1「呼吸筋を目覚めさせるストレッチ」**（152ページ）を、ぜひやってみてください。

加齢太りに対抗するエクササイズをより効果的にするためのポイントは、呼吸を示す英語「breath」の「B」と、姿勢を示す「posture」の「P」と覚えるとよさそうですね。

インナーマッスルとアウターマッスルをバランスよく鍛える

食後や一日中ずっと立ったままでいると、お腹周りから下腹部にかけてポッコりと張り出てしまうことがあります。その原因の一つは胃が下垂することなのですが、漢方ではこの現象を、加齢により胃腸の働きが弱くなった**「脾虚」からくる下垂症状**だと説明します。

栄養不足でエネルギーも不足してしまい、筋肉が内臓を支えきれなくなる――35歳を過ぎてカラダが「虚」になっていく影響は、こんな形でも出てくるのです。

カラダ全体のバランスがとれた状態を健康と考える漢方では、筋肉もインナーとアウターのどちらかが極端にならないように、という「中庸」をよしとしています。**インナーマッスルとアウターマッスルのバランスが大切**なのです。

フィットネス的な視点からも、ヨガやピラティスなどで、カラダの深い部分にあって背骨や関節の位置を微調整する役割を持っているインナーの筋肉を鍛えるだけでなく、カラダの外側を覆っているアウターの筋肉も一緒にバランスよく鍛えることは重要です。

アウターは筋肉量が多いので、トレーニングで鍛えれば、その分だけ代謝を効果的に上げることができます。

下垂の改善のためには、まず、呼吸を整えることで内臓の位置を整え、同時に、インナーとアウターの両方の筋肉を鍛えることで内臓をしっかりとサポートできるようにしましょう。153ページの**ウォーミングアップ2「姿勢コア筋の基本練習」**を、「呼吸筋を目覚めさせるストレッチ」の後に行うと効果的です。

こちらも、インナー（inner）とアウター（outer）の両方を意識すべきだということで、頭文字の「I」と「O」に、最初に出てきた呼吸の「B」と姿勢の「P」をあわせて、プレエクササイズのポイントは「BPIO」が大事だと覚えておくと忘れにくいですね。

簡単なウォーミングアップで眠っている筋肉を呼び起こせる

家で筋肉トレーニングを行っても効果を実感できない、という経験はありませんか？　力を入れているつもりなのに、それが「効いている」感じがしない……。

実は、日頃から運動をしていないと、マシーンを使う筋トレやストレッチをするとき、筋肉を動かしているようで実は使い切れていない筋肉が多いのだそうです。本来なら、１００本の筋繊維があるのに、50本しか使っていない、というイメージです。

こうした眠っている筋肉を**「スリーピング・マッスル」**というのですが、これらが本来の働きを示すように覚醒させていかないと、いくら筋トレをしても大きな効果は期待しにくいのです。

たとえば、腹筋になかなか力が入らないとしたら、腹筋が「スリーピング・マッスル」になってしまっているのかもしれません。日常生活で使われなくなった筋肉は、力の入れ方を忘れてしまっているので、いざ力を入れようとしても、うまく入れられないのです。

この悲しい事態に対応する方法も、西沢先生に教えていただきました。力を入れる感覚を取り戻すきっかけ作りとなる動作、それは、**「使いたい筋肉に刺激を与える」**こと。

え、そんな簡単なことでいいの？　と思うかもしれませんが、「軽くたたく」「動かす」といった筋肉を刺激する事前の動作をやるのとやらないのとでは、トレーニングの効果が大きく違います。

股関節の動きが悪いなら、**「足首を動かす」**ことや**「片足ずつ前後に往復させて動かす」**といったシンプルな動作で、動きのなめらかさや、力を入れる感覚を取り戻すことができるとうかがって以来、私もウォーミングアップに取り入れています。

運動直後に糖質とタンパク質をとってトレーニングの効果を上げる

漢方では、使ったエネルギー（気）を速やかに補うことが養生の基本になります。運動で消費したエネルギーは食事で補う必要があるのですが、運動直後のカラダは、大量にエネルギーや栄養素を消費しているために一種の飢餓状態になっていて、栄養素をどんどん取り込もうとし、吸収率が高くなっています。

つまり、**補てんの仕方によっては加齢太りには逆効果**になることもあるので要注意ということです。

運動で効率的に筋肉をつけるには、**「運動直後」に糖質とタンパク質を一緒にとる**ことが有効です。

運動で使われるエネルギーは、筋肉に蓄積されている糖質（筋グリコーゲン）が中心ですから、運動後に筋グリコーゲンが不足すると、エネルギー源としてタンパク質が分解されてしまいます。また、タンパク質は、運動で傷ついた筋繊維を回復させるためにも必要ですから、**タンパク質の分解を防ぐ糖質の入ったスポー**

ツドリンクと、効率的にタンパク質を摂取できるプロテイン飲料などを、運動後できれば30分以内にとるのが、失われた気を補い、太りにくいカラダを作るためには理想的です。

◇

この章の最後に、スリーピング・マッスルを目覚めさせ、呼吸筋を働かせるようにするウォーミングアップをご紹介します。4章から始まる実践編のエクササイズの効果が最大限に発揮されるための準備運動として活用してください。

また、エクササイズ前の体調チェック、エクササイズ時の注意については、149〜151ページを参照してください。

次章からの実践編は、

◎プレ更年期（35歳から45歳頃まで）
◎更年期前期（45歳から50歳頃まで）
◎更年期後期（50歳から55歳頃まで）

に分かれています。
それぞれの時期に重点を置くべき生活のコツ――守りのための「養生」と、その時期の加齢太りに効く攻めのためのエクササイズをご紹介していきます。

セルフケア・ポイント

- エクササイズの効果を上げるには、まず呼吸と姿勢を整える。
- インナーマッスルだけでなく、アウターマッスルも鍛えることが大切。
- スリーピング・マッスルには刺激を与え、筋肉を目覚めさせる。
- 運動後は、スポーツドリンクとプロテイン飲料を摂取するのが理想。

〈運動前の体調チェック〉

レベル①　やる気が出ない　とりあえずプレエクササイズだけ
レベル②　身体が重い　ウォーミングアップとタイプ別エクササイズの2〜3種目
レベル③　ふつう　ウォーミングアップ〜タイプ別エクササイズの全て
レベル④　調子が良い　ウォーミングアップ〜タイプ別エクササイズ+チャレンジエクササイズ
レベル⑤　やる気満々　ウォーミングアップ〜タイプ別エクササイズを2〜3セット

〈運動時の注意〉

◈エクササイズ動作について

- 動く前の姿勢は、左右均等に体重をのせ、ドローインしたニュートラル姿勢（154ページ）をとりましょう。
- 「痛気持ちいい、効いている、力が入っている……」の感覚が得られる強さを選びましょう。

●負担があれば、手足の位置・角度を変えたり回数を減らしましょう。

◇◇◇ **呼吸について**

●指示通りの呼吸が効果的ですが、慣れないうちは動きを妨げない自然呼吸でも結構です。

●指示のないものは自然呼吸で行いましょう。

●基本的に鼻から吸って口から吐くようにしましょう。

◇◇◇ **エクササイズ選択・頻度について**

●余裕が出てきたら他のタイプを日替わりで行ったり、気になる部位を選んだり、2〜3タイプを続けたりとアレンジ可能です。

●ウォーミングアップ5〜10分、タイプ別エクササイズ5〜10分を目安に行いましょう。

●ウォーミングアップは毎日、タイプ別エクササイズは週に3〜5回。慣れてきたらタイプを変えて毎日行っても結構です。

●時間がないときはウォーミングアップだけか、その中の一つだけでも毎日行う習慣をつけましょう。

●家事中、仕事中、移動中の「ながらエクササイズ」をおすすめします。

◇エクササイズ選択・頻度について

●エクササイズ前後で身体のチェックを行いましょう。肩回し・脚回し、前屈・後屈、深呼吸などのビフォー&アフターがおすすめです。

●エクササイズ後は必要に応じて身体をほぐしたり、ストレッチを入れましょう。

●水分補給はマメに行いましょう。

ウォーミングアップ

アプローチポイント　呼吸・腹筋・姿勢の準備

ウォーミングアップはどの年代にも有効です。すべてのエクササイズ効果を高めるために呼吸を整え、お腹や脊柱の筋肉を目覚めさせましょう。横隔膜など呼吸筋の機能を改善すると、呼吸の質がよくなります。

1　呼吸筋を目覚めさせるストレッチ

チェック！　エクササイズの前に深呼吸をして、今の呼吸の長さ、深さなどを確認しましょう。両手を肋骨に当ててもよいでしょう。

肋骨のリラックス
肋骨の間を指で痛気持ち良い強さでほぐす。

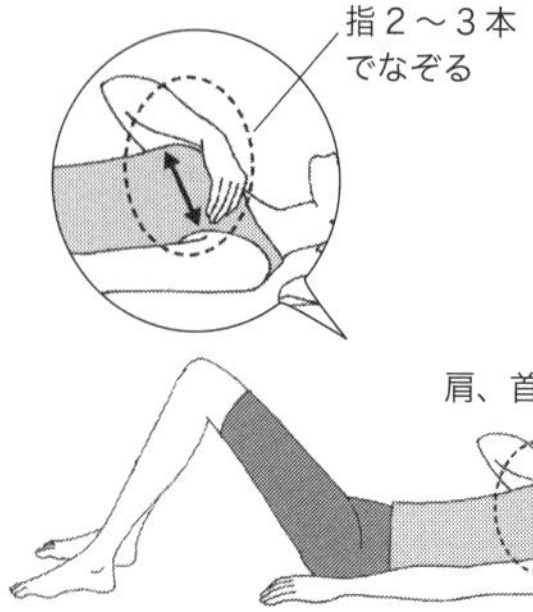

指２～３本でなぞる
肩、首の力を抜く

横隔膜のリラックス
お腹の力を抜き、両手の指3本を肋骨縁の内側に当て、硬く感じる部位をほぐす。

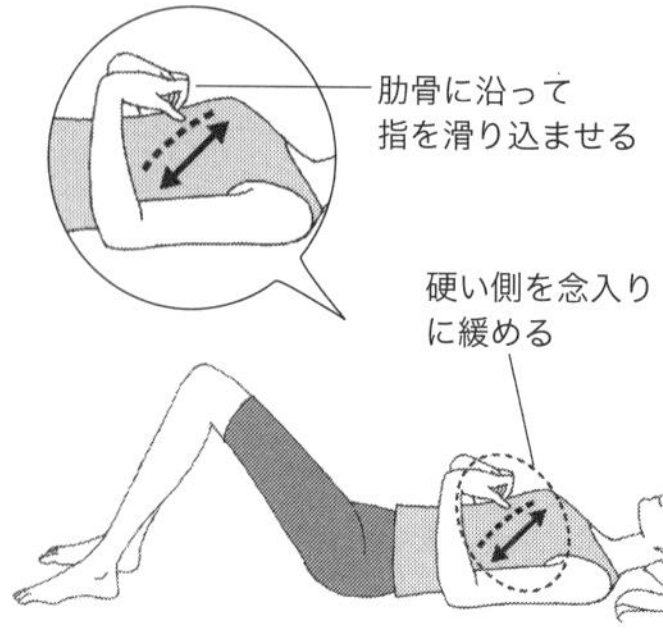

肋骨に沿って指を滑り込ませる
硬い側を念入りに緩める

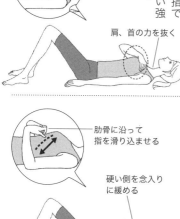

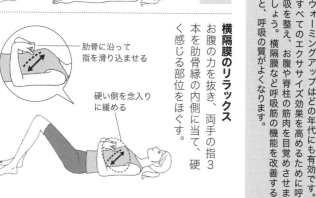

呼吸筋アクティブストレッチ

① 息を吐きながら両手で肋骨を内側に寄せる。

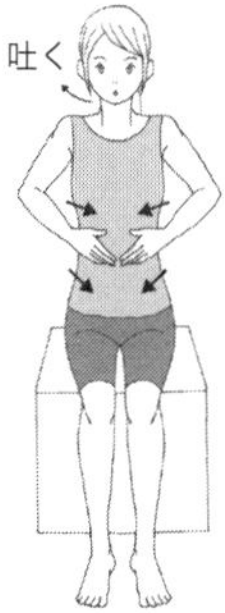

② 息を吸いながら肋骨に軽く抵抗をかけ、徐々に手を緩め肋骨を広げていく。

③ ①と②を5～6回繰り返す。

再チェック！ 呼吸チェックを再度行い、体調によって異なる呼吸の長さ、深さを感じましょう。

2 姿勢コア筋の基本練習

ニュートラル姿勢

座位、立位、仰向け、うつ伏せ、側位（横向き寝）で脊柱の自然なS字カーブを保った姿勢がニュートラル姿勢。

座位では姿勢を意識しすぎず、骨盤を立て、目線は自然に前に向ける。

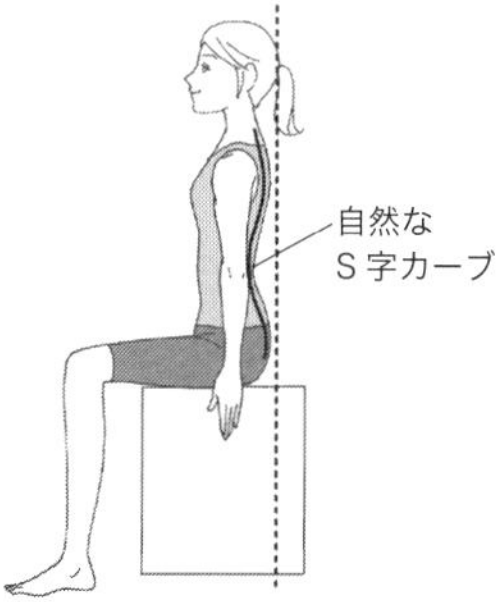

仰向けでは腰と床との間に手の指が入るスペースがあり、後頭部、脊柱、仙骨（骨盤）が一直線上に並び、腰や首に負担がない状態。

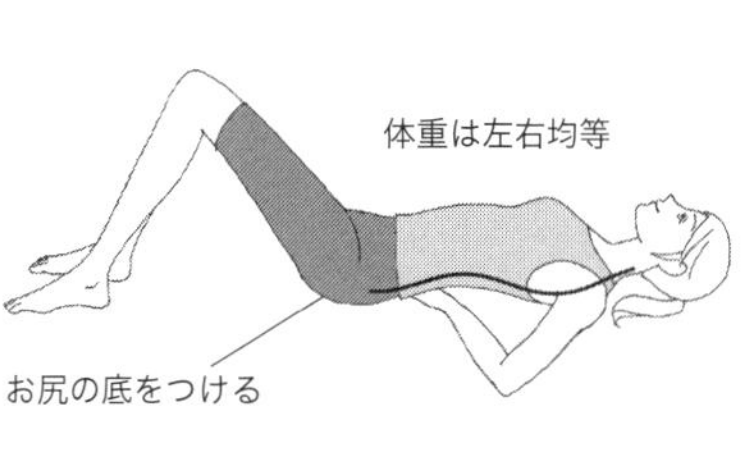

ドローイン

骨盤底筋（トイレ我慢筋）を締め下腹部を凹ませ息を吐きながら頭頂に向かって引き上げる姿勢がドローイン姿勢。きつめのズボンのファスナーを締め、背を高くするようなイメージ。

座位、立位、仰向け、うつ伏せでニュートラル姿勢をとってから行う。

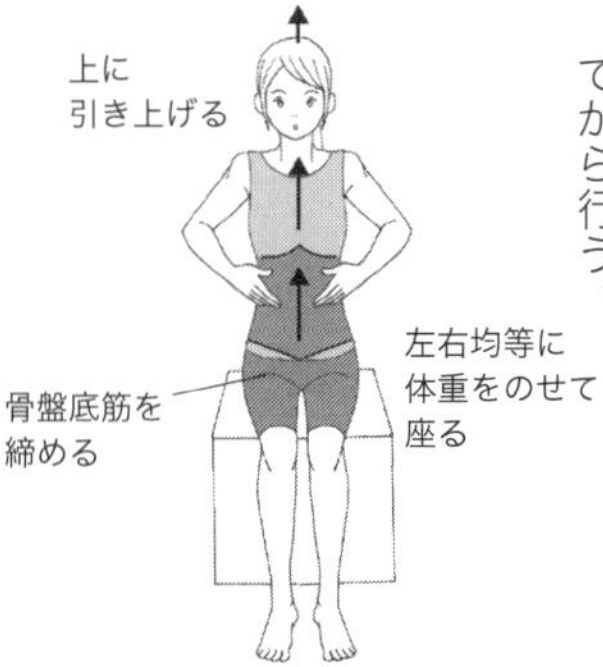

上に
引き上げる
左右均等に
体重をのせて
座る
骨盤底筋を
締める

3 脊柱を整える基本練習

脊柱、骨盤しなやかストレッチ
〈丸めたり反ったり〉

よつんばいになり、脊柱を丸めたり、緩やかに反らせる。5回。

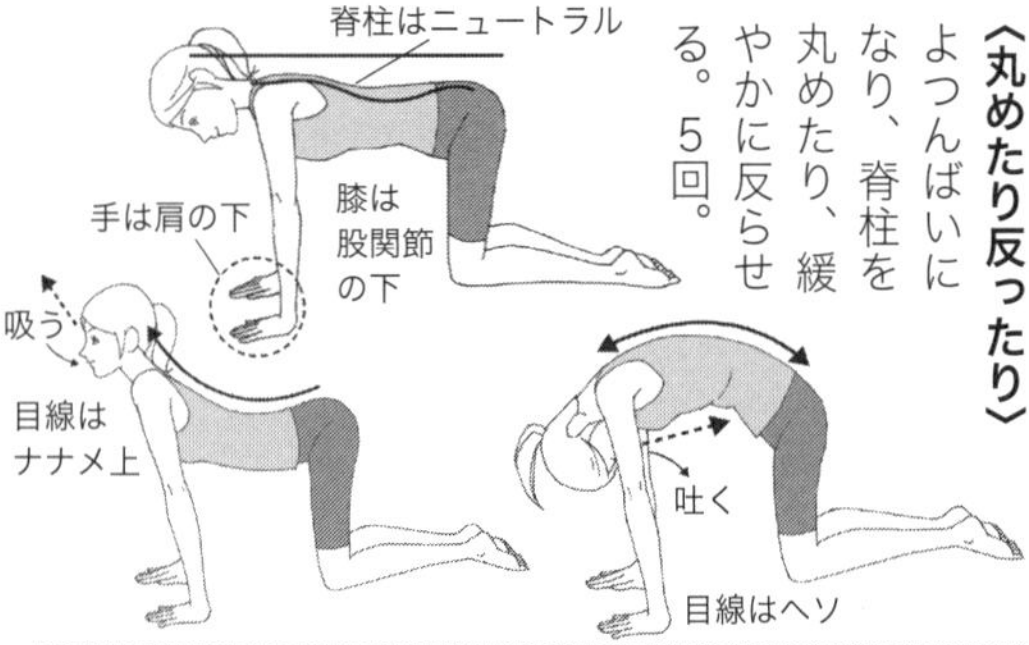

脊柱はニュートラル
手は肩の下
膝は
股関節
の下
吸う
目線は
ナナメ上
吐く
目線はヘソ

〈側屈〉

左肩と骨盤を側面から寄せ合い右側を伸ばす。

逆側からも行い5往復。

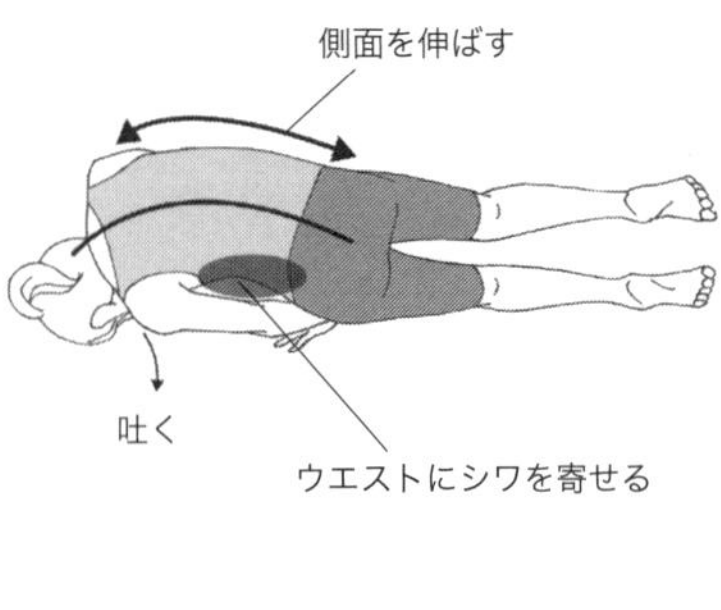

側面を伸ばす
吐く
ウエストにシワを寄せる

〈対角〉

① 背中を反らしたよつんばいに戻り、対角の手足をナナメに伸ばす。目線は指先（キツいときは脚のみでもOK）。

② 脊柱を丸めながら肘と膝を寄せ合う。①と②を5回。逆側からも行う。

①
吸う
遠くに伸ばす
遠くに伸ばす
※手首に負担があれば、手をグーにして手首をまっすぐ保つ。
②
吐く

姿勢改善エクササイズ

① よつんばいでニュートラル姿勢をとる。

② 右手、左足を背中の延長線まで持ち上げバランスをとる。30〜60秒。

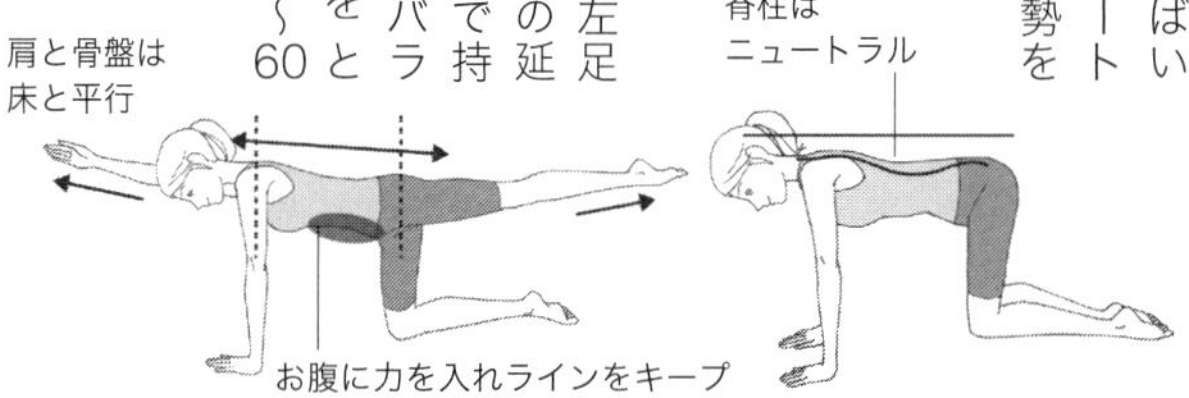
脊柱はニュートラル
肩と骨盤は床と平行
お腹に力を入れラインをキープ

③ ①の逆側も行う。

※常にお腹の力を抜かずに、脊柱から骨盤ライン、左右の高さを合わせ、キープする。

④ 正座で背中を丸め、腰のストレッチ。ドローインしながら呼吸を行う。2〜3回。

※膝が痛い場合は、アグラかイスに座って行う。

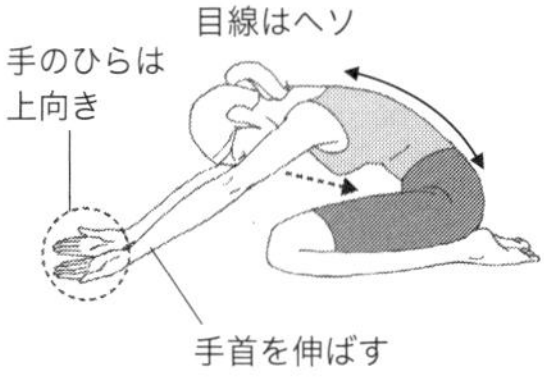
目線はヘソ
手のひらは上向き
手首を伸ばす

お腹に力を入れる感覚を良くしたいとき

腹筋の覚醒エクササイズ

① 長めのタオルやマフラーをウエストに巻き、ギュッとしばる。5～10センチ細くなるイメージで。又は両手でウエストを横からギュッと押さえ細くしてもよい。

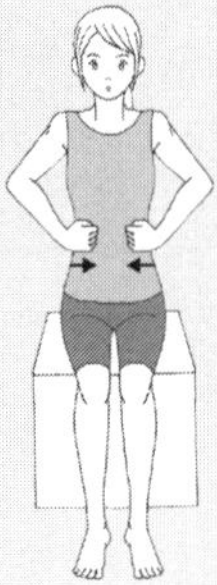

② 息を吸い軽くお腹を膨らます。

③ 息を吐きながら骨盤底筋（P.154）を締め、更にウエスト全体をパンパンに膨らませるように力を入れ、力を抜かずに自然呼吸で15秒～30秒キープ。休憩を入れながら3～5回。

4 全身の元気、スイッチ・オン

スクワットの練習

① イスに座り足は腰幅。ドローインしニュートラル姿勢をキープ。

② 背筋を伸ばしたまま、上体を股関節から45度位前傾させ足裏で床を踏みしめる。イスからお尻を5センチ浮かせ、足で踏ん張る。

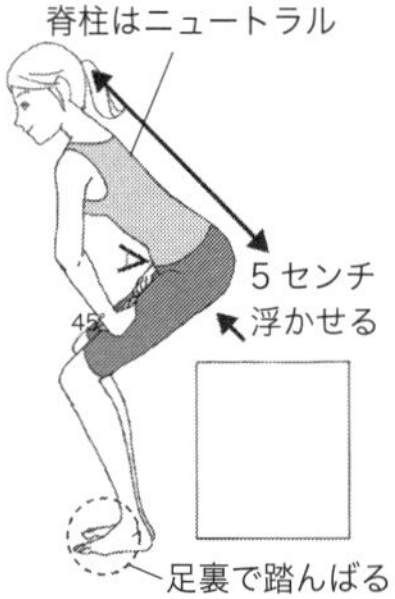

③ 膝とつま先は同じ方向を保ち、まっすぐ立ち上がる。

④ 立位から③→②→①、座位から①→②→③と3回繰り返す。

基本のスクワット

① 足は肩幅より少し広めに、つま先はやや外側に向けて立つ。

つま先は
やや
外向きに
肩幅
より
広め

② 股関節、膝、足首を使い腿裏が床と平行を目指してしゃがむ。

③ 姿勢を保持して立ち上がる。

④ ①②を6～10回。

※ 胸を張り、肩甲骨を脊柱に向かって寄せ、引き下げる。膝が内側に入りがちな人は、膝の中心を足の人差し指に向けて曲げるイメージでしゃがむ。膝に負担があるときやキツいときは深くしゃがまない。

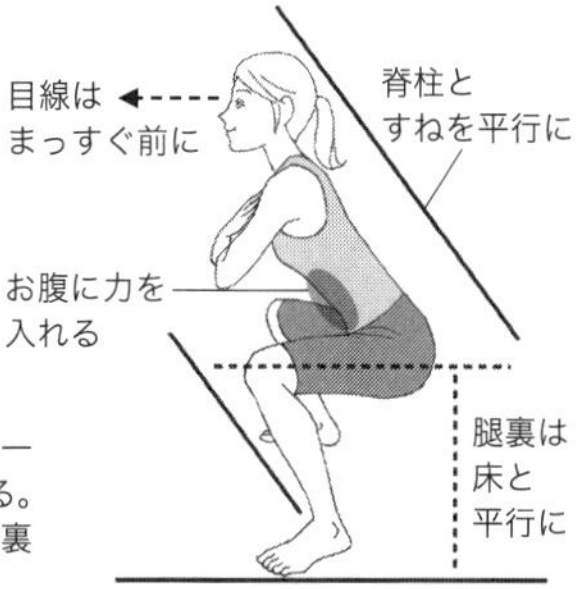

目線は
まっすぐ前に
脊柱と
すねを平行に
お腹に力を
入れる
腿裏は
床と
平行に

✕

背中が丸まり後頭部から骨盤の一直線が取れない。目線が下がる。膝がつま先より内側に向く。足裏への荷重が左右アンバランス。

✕気をつけたい！　NG動作

〈スクワットなど、ひざを曲げて行う動作のとき〉

・背中の筋力不足（背中が丸くなる）
↓軽く胸を張り肩甲骨を脊柱に向かって寄せ、引き下げる。

・腰が丸まりやすいタイプ
↓ニュートラル姿勢をとり、股関節から折りたたむようにしゃがむ。

・反り腰タイプ（股関節が縮み、腰が反る）
↓お腹、お尻を軽く締める。

・足首、股関節が硬いタイプ（膝がねじれやすい）
↓スネを前に倒し、膝の中心を足の人差し指に向けて曲げる。足裏が浮かないよう全体で踏みしめる。

身体が硬くて動きにくい時、血流が良くない時

8の字ダイナミックストレッチ

①足は肩幅より広めに立ち、しゃがみながら右手で持ったボールを左腿前から後ろへ通し、左手でキャッチし、身体を起こして頭上まで持ち上げる。逆側からも同様に行い、空間に大きな8の字を描く。
身体を上下、左右、対角方向へと大きく動かす。3～5回。

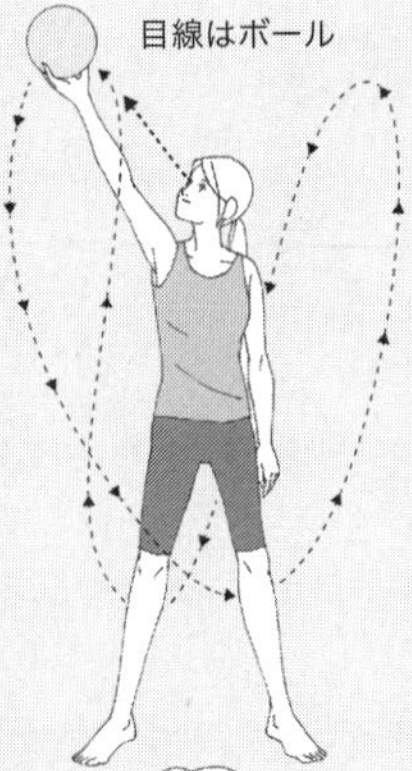
目線はボール

②深くしゃがまずに①の動作を行う。慣れてきたら脚を高く上げてグラグラしながら色々な筋肉を刺激する。3～5回。

ボールを身体から遠ざけながら動く

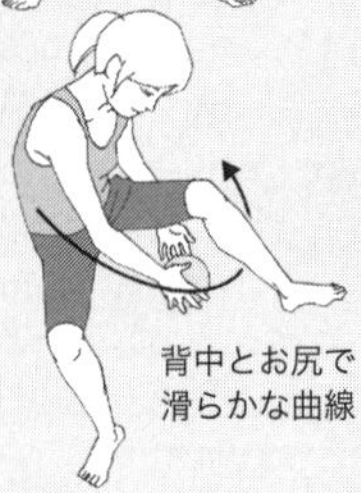
背中とお尻で滑らかな曲線

③①②の逆からの動きでボールを腿の後ろから前へと渡し、8の字を描く。
※身体を起こしながら息を吸い、丸めながら吐く。
又は自然呼吸で行う。
軽くお腹に力を入れ行う。

〈身体が硬く、ボールを足の下に通す動きが難しい方〉

上半身のみで行う。
腕を伸ばし、右手で大きな8の字を描く。
左手も同様に行う。
両手をつないで体幹も動かしながら8の字を描く。
各3～5回行う。

膝の負担を軽くしたい時

膝スッキリエクササイズ

①イスに深く座り、足を腰幅に開き、ニュートラル姿勢をとる。
②左膝をやや外に向け、足首を曲げたまま前方に伸ばす。カカトを遠くへ押し出す。膝裏を伸ばし膝上の腿の筋肉に力を入れる。
③元に戻し10〜15回。
④右脚も同様に行う。

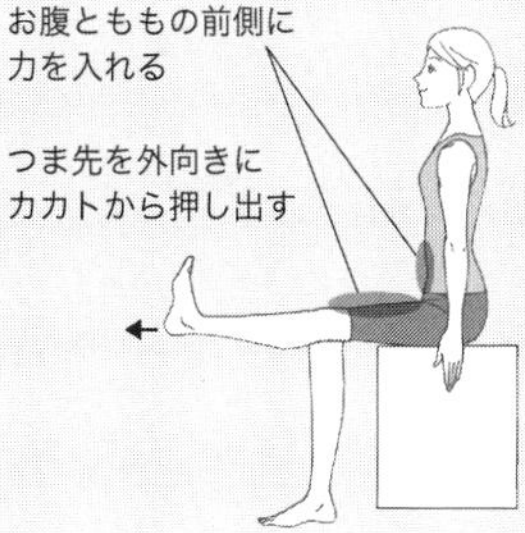
お腹とももの前側に
力を入れる
つま先を外向きに
カカトから押し出す

✕気をつけたい！　NG動作

〈腕を使うとき〉

肩が上がる、前に出る
↓肩や肩甲骨を骨盤側へ引き下げ首を長く保つ。

手は肩の下に、膝は股関節の下に。背中は自然なカーブを保った脊柱ニュートラルに。

〈背中を反らすとき〉

腰・首の違和感
↓ドローインを保持して胸から反るようにする。

肩がすくむ。お腹の力が抜ける。腰が反り過ぎる。

Chapter 4

プレ更年期の〝太りにくいカラダ〟の作り方

35歳〜45歳

いよいよ、ここから加齢太り対策の実践編を始めましょう。**「太りにくいカラダ」作りのために必要な養生とエクササイズ**を、年代別に三つのステージに分けて紹介していきます。

いくら35歳から体形が変わっていくとはいえ、35歳と55歳とでは、五臓の働きや女性ホルモンの分泌量などが違っています。**35歳には35歳の、55歳にはその年齢に見合った方法**を、前の章まででお話しした基本事項に加えて行うことで、効率よく加齢太りに対抗していきましょう。

ステージの区切りは、女性の心身が大きく変化するイベント「更年期」を軸にしました。更年期は閉経を挟んだ前後の約10年間。日本人女性の閉経の平均年齢は約50歳です。

35歳から45歳までは一般的にはまだ更年期にさしかかっていない「プレ更年期」です。この章では、この年代ならではの食事や睡眠といった養生を中心としたカラダの「守り」と、エクササイズで太りにくいカラダを作る「攻め」のポイントをそれぞれ解説します。

35歳からは無理をすると「加齢太り」につながる！

プレ更年期の「脾」の守り
胃腸が元気なこの時期は、INよりもOUT重視で

プレ更年期の女性は、心身の絶頂期が過ぎたといえども、エネルギーはまだある年代です。食事面でいえば、胃腸の働き「脾」が丈夫なので、食欲旺盛。とはいえ、確実に基礎代謝の低下は始まっているなかで、それまでと同じペースで食べたり飲んだりしていては、ペアップル型の体形にまっしぐらです。

食欲がありながら食事量のコントロールをしなければならないこの時期は、食べる量を減らすことがかえってストレスになりイライラして過食に走る可能性も

あるので、「食べる」という「ＩＮ」の調整を意識するよりも、**運動を習慣化して「エネルギーを使う」という「ＯＵＴ」を意識した養生法がポイント**となります。

また、「甘い物につい手が伸びてしまう」「お菓子を買うと、一袋全部食べるまで止まらない」といった方は、ケーキなどの甘い物は外食でとるようにし、自宅にはなるべくお菓子類を置かないようにしてみてはどうでしょうか。自宅で食べるにしても、買い置きをせず、その日に食べる分だけを購入するクセをつけるのもいいでしょう。

１０３ページでご説明した「甘味は酸味で抑制することができる」という五味の理論を応用して、**「ケーキを食べるときの飲み物は、いつもレモンティーにしています」**とおっしゃる患者さんもいらっしゃいます。確かに、甘い物を食べているときに、水かお湯で割った酢飲料を飲むと、「やめられない、止まらない」状態から「ハッ」と我に返ることができます。

イライラが過食につながらないよう、ビタミンB群とビタミンCを多めに摂取

イラッとしたりムッとするようなストレスを受けた後の過食に通じる反応は、実はエネルギーがある証拠です。逆にエネルギーが少ない中でストレスを受けた場合は、うつうつとした状態になります。

とはいえ、ダイエットを考えるなら、イライラしたり怒りっぽくならないように、感情をコントロールすることも大事になります。

イライラや怒りの原因は、ホルモンの一種である「カテコラミン」の働きの乱れにあります。カテコラミンとは、カラダが危険を感じたときに自らを守るために分泌される、神経間で情報を伝える神経伝達物質で、「ドーパミン」や「ノルアドレナリン」、「アドレナリン」をまとめた呼び名です。

ストレスを受けると、脳は自分を守ろうとしてカテコラミンを分泌するよう指

示を出します。カテコラミンは**「闘争ホルモン」**とも呼ばれ、ストレスと闘ってカラダを守ってくれるのですが、ストレスが一定範囲を超えてかかってしまうと、カラダの防衛反応が行き過ぎてしまい、カテコラミンの分泌が乱れてしまいます。その結果として、イライラや怒りといった反応が生じるのです。

カテコラミンの働きを正常に戻すのに有効なのは、ビタミンB群とビタミンCです。「イライラしているな」と感じたときには、ふだんよりも多めにビタミンB群やビタミンCを、サプリメントを活用しながら摂取してみてください。

また、ストレスを受けている状態の脳は、タンパク質やカルシウムなどのミネラルの消費量も多いので、これらの補充も忘れずに。

プレ更年期の「腎」の守り

太りにくいカラダを作るためには、無理ができそうでも、あえて「しない」

エネルギーがまだあるということは、20代の頃のように、睡眠不足でも頑張ることができたり、オーバーワークを続けるといった無理が効く年代だともいえます。

ただ、無理を重ねることは、これまでもご説明してきたように、腎のエネルギーを無駄にすり減らすことにつながります。

腎のエネルギーが減ると水分代謝や基礎代謝が落ち、太りやすくなります。

「一時の無理が、加齢太りを加速する」ともいえ、無理をしようと思えばできても、あえて「しない」意志を持つことが肝要です。**過労や睡眠不足、夜更かしは、極力避ける**よう生活習慣を工夫しましょう。

プレ更年期は、腎を大切にするために、無理な生活を見直すことに意識を向けるべき時期ともいえるでしょう。

次ページからは、太りにくいカラダを作るために全身の基礎代謝を上げる、プレ更年期に効果的なエクササイズをご紹介します。

セルフケア・ポイント

- 「ＩＮ」よりも「ＯＵＴ」重視で。
- ビタミンＣとＢ群、ミネラルをしっかりとる。
- 「無理すると太る！」と肝に銘じる。

代謝促進対策エクササイズ

アプローチポイント　呼吸強化・脊柱の柔軟性・股関節力アップ

プレ更年期は食べる量を減らすより、運動を習慣化することが大切です。まずは呼吸、体幹、下半身の大筋群を鍛えることで、代謝アップを目指しましょう。

1 呼吸を整えて全身ポカポカ

準備 呼吸をサポートするアクティブストレッチ。

ボールを胸の裏辺りに置き首に負担のない角度をとる。お腹に力を入れ息を吐きながら、ヘソを覗き込むように手で頭を上げ、胸を丸めながら背中でボールを潰す。息を吸いながら頭を遠くに降ろし胸を開く。ゆっくり5～8回。

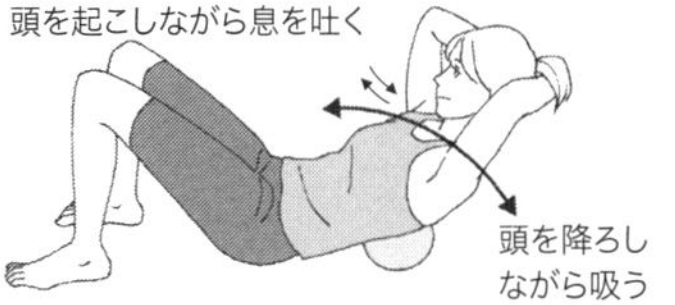
頭を起こしながら息を吐く
頭を降ろしながら吸う

吸気（息を吸うのが苦手タイプ）

チェック！ 吸う息が短い、弱い、途切れる、元気が出ない方、肩こりの方。

① 肘と膝をできるだけ近づける。（余裕があれば肘と膝を押し合ってもよい）

② 5秒で息を吐ききり、10秒で息を吸えるだけ吸う。吸う時は丸めた姿勢をできるだけキープする。3回。

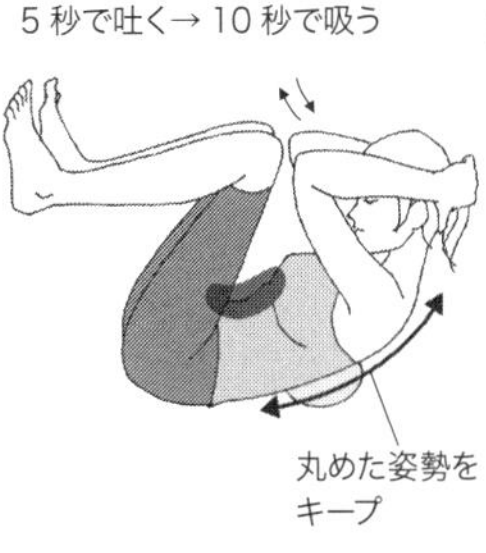
5 秒で吐く→ 10 秒で吸う
丸めた姿勢をキープ

呼気（息を吐くのが）苦手タイプ

チェック！ 吐く息が短い、吐きれない、「イライラ」がある、腹筋が弱い方。

① 両手を肩が痛くない程度に伸ばしバンザイをする。

② 5秒で息を吸い、10秒で息を吐ききる。吐ききる時にもできるだけ身体を伸ばしバンザイをキープ。3回。

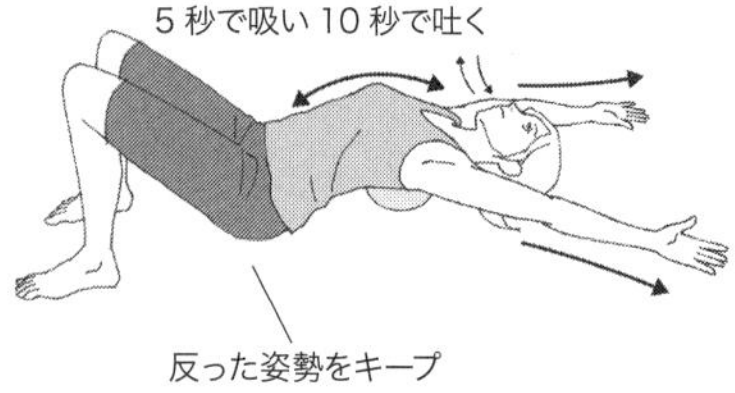

※キツい時は休憩を入れたり、呼吸を短くする。ボールの空気量を少なくしたり、イスに座ってもよい。

2 しなやか脊柱でコア力改善

脊柱、骨盤なめらかエクササイズ

① 内腿の間にボールかタオルを挟み骨盤を立てて座る。息を吸う。

② ドローインしながら骨盤から順に45度位まで傾けていく。息を吐く。

③ そのまま息を吸い、息を吐きながら①の姿勢に戻す。

④ ②③を3回。

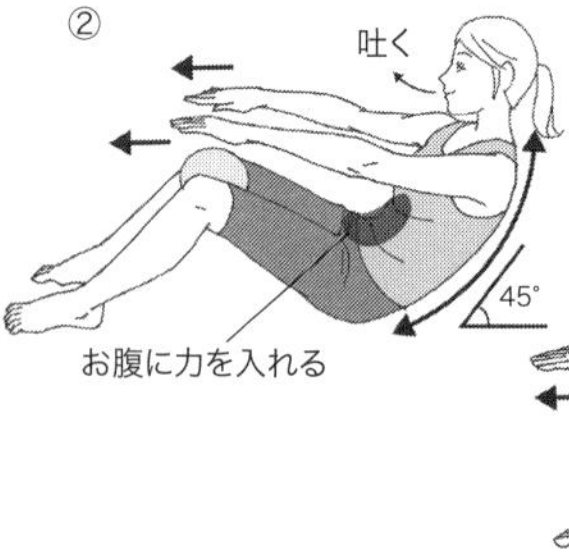

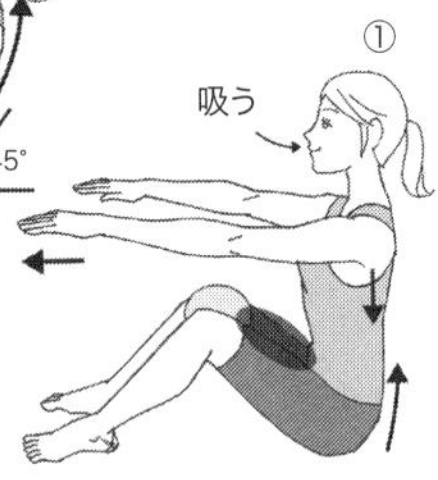

⑤ ②から10秒かけて骨盤、脊柱、頭の順に降ろし、仰向けになる。

⑥ 上体を起こし、腿裏を抱え転がって座る。

⑦ ⑤⑥を5回。

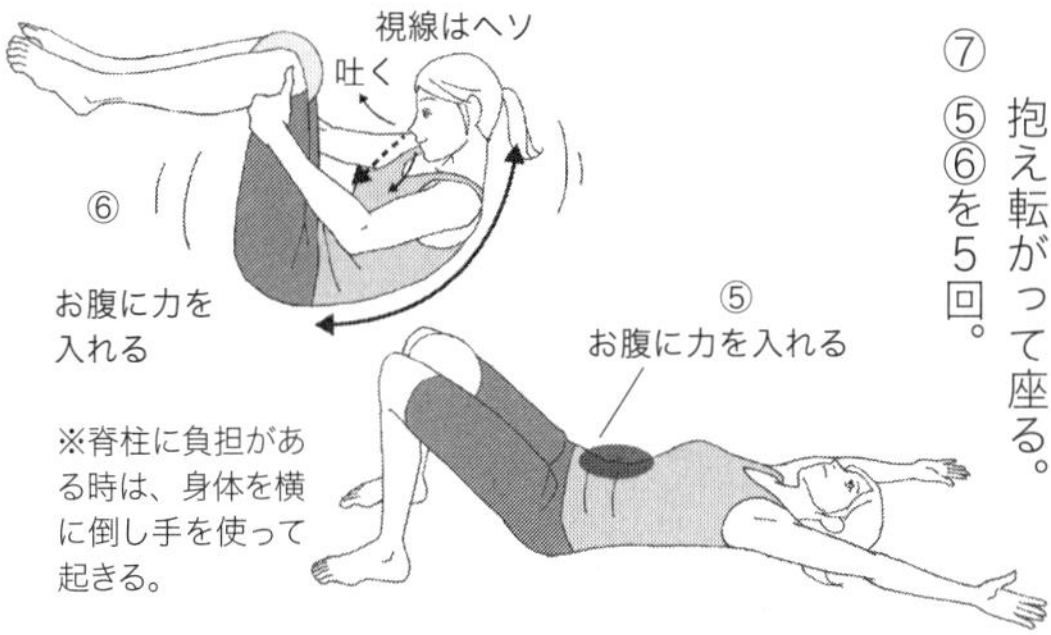
視線はヘソ
吐く
⑥
お腹に力を入れる
⑤
お腹に力を入れる
※脊柱に負担がある時は、身体を横に倒し手を使って起きる。

チャレンジエクササイズ

起き上がる際、転がらずに頭から順にゆっくり起き上がる。手で脚をよじ登るようにしたり、全部倒さずに半分まででも良い。3～5回。

3 サイドコア筋を引き締める

キュッと横腹引き締めエクササイズ

① 肘は肩の真下で身体は横一直線にし、肩甲骨を下げる。

② ドローインしながらお尻を持ち上げ右腕を耳横まで伸ばす。2秒で上げ2秒キープ。4秒で息を吸いながら降ろす。3～5回。

キツい時はお尻を持ち上げずに行う。

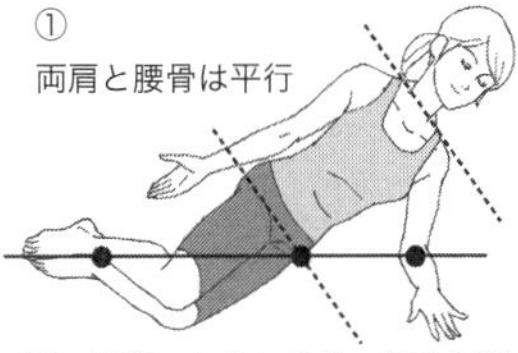
①
両肩と腰骨は平行
肘・骨盤・カカトをまっすぐに置く

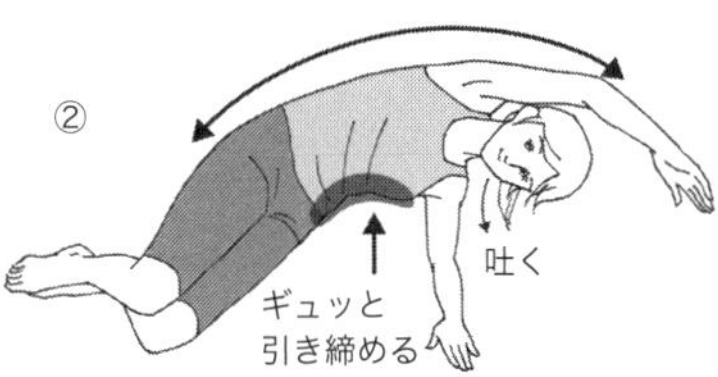
②
吐く
ギュッと引き締める

チャレンジエクササイズ

①の姿勢からお尻を持ち上げ、腕を天井に上げる。床側のウエストに通し、体幹をツイスト（②）。2秒キープ。4秒で①に戻す。3〜5回。

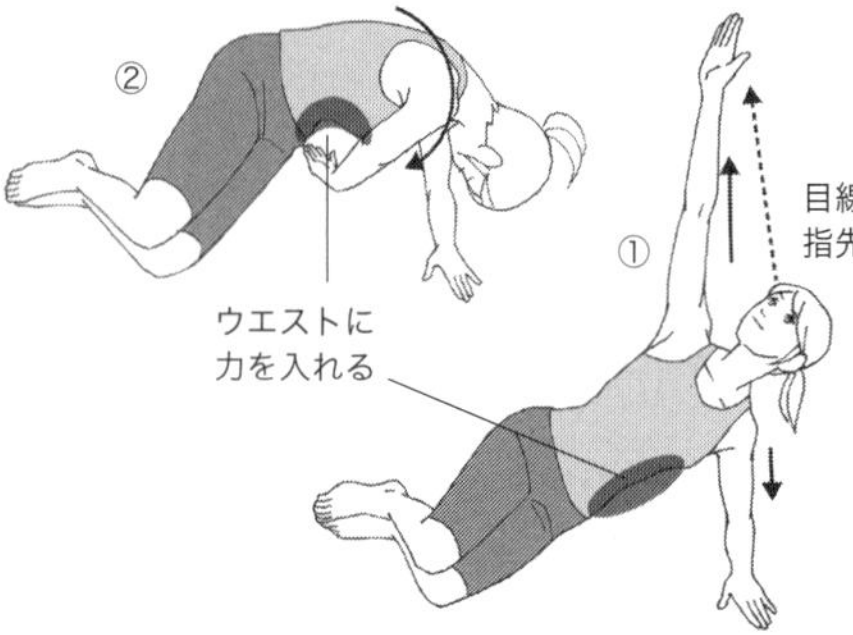
②
①
目線は指先
ウエストに力を入れる

4 下半身を鍛えてカロリー消費アップ

太腿＆ヒップスッキリスクワット

① 足は肩幅よりやや広め、両手は胸でクロスしニュートラル姿勢。

② 股関節、膝を曲げ後ろのイスに座るイメージで4秒でしゃがむ。

③ 姿勢を保ったまま2秒で立ち上がり、①の姿勢に戻し、最後にお尻をギュッと締める。

④ ②③を10〜20回。

①
体重は左右均等

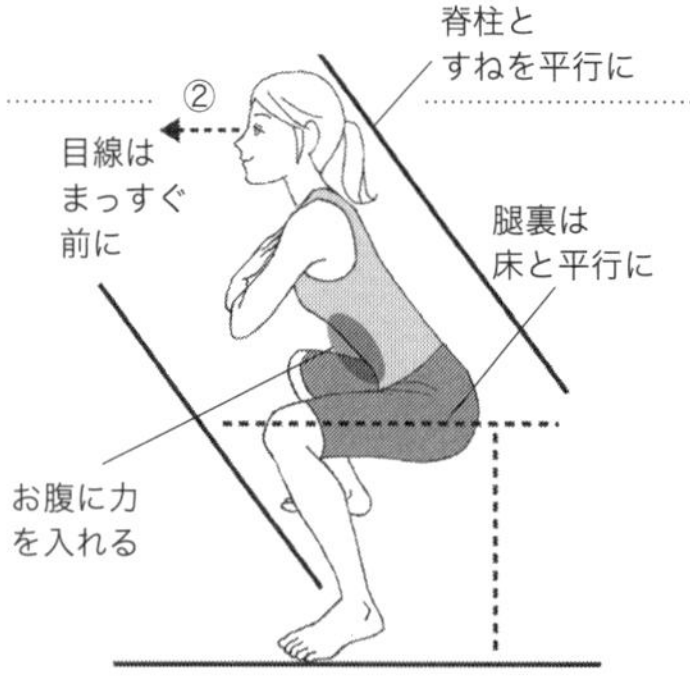
②
目線はまっすぐ前に
脊柱とすねを平行に
腿裏は床と平行に
お腹に力を入れる

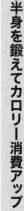

チャレンジエクササイズ

両腕を前に伸ばし、足を揃えて浅くスクワット姿勢をとり、片脚を後ろに引く。余裕があれば後脚を少しだけ持ち上げてもよい。安定したらこの姿勢で腰を深く落とす。前足の膝が内側に入らないよう注意。片脚連続3〜5回。

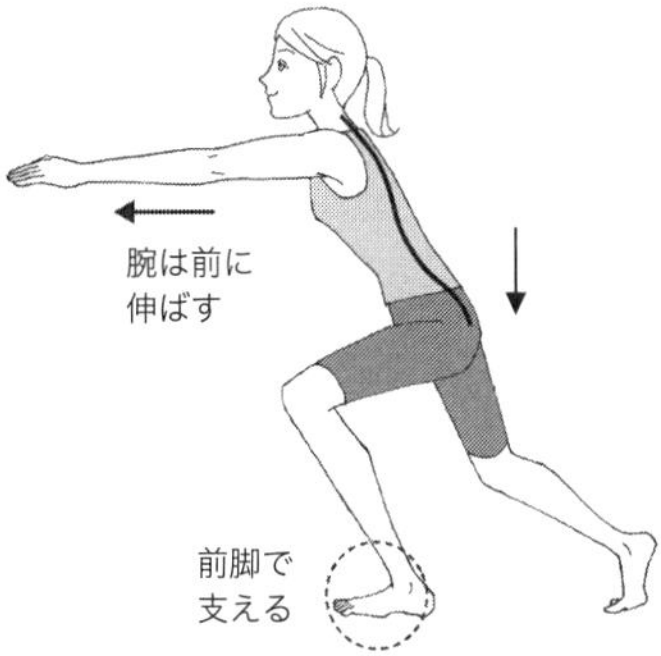
腕は前に
伸ばす
前脚で
支える

ウエストに力が入りにくい時

ドローインしながらヒップウォーク

①両足を伸ばして座る。
②ドローインしながら右のお尻を右脇腹の力で持ち上げたまま前にずらし床にそっと降ろす。左も同様に行い、交互に連続でお尻で歩くように前進。
③②の動きと同様にヒップをずらし、後ろ歩きのように後退。50センチ〜1メートルを3往復。
※手で床を押しながらヒップを持ち上げてもよいが、慣れてきたら腕を前後に振る。

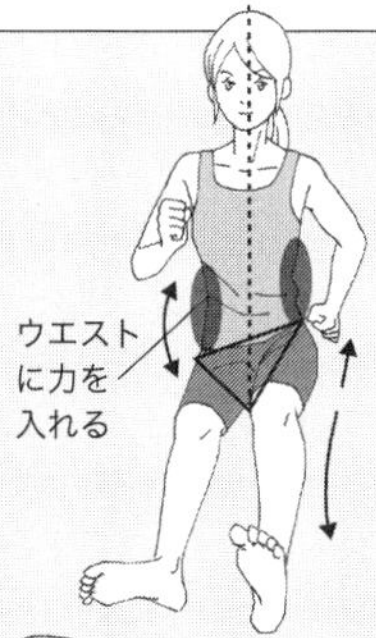
ウエスト
に力を
入れる

関節の力が出にくい時

股関節覚醒エクササイズ

①イスに座り30度の前傾のニュートラル姿勢をとる。脚は腰幅に開く。
②カカトをつけたまま足底ごとつま先を持ち上げる。股関節の力を抜かないよう意識して、スネに力を入れ2秒で持ち上げ2秒で下げる。10〜15回。

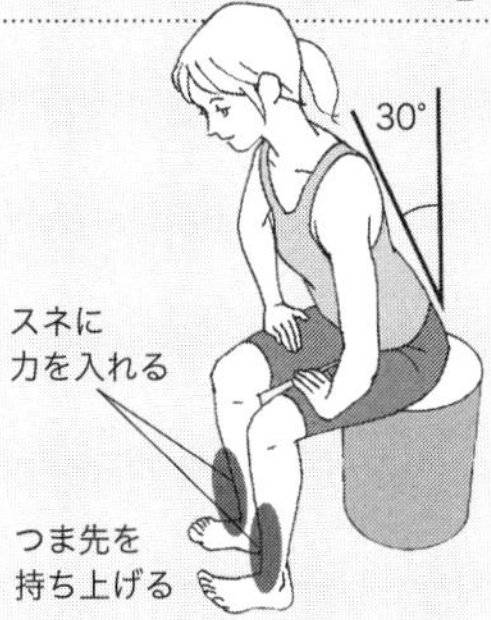
30°
スネに
力を入れる
つま先を
持ち上げる

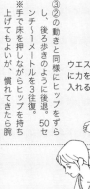

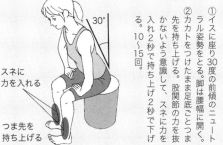

Chapter 5

更年期前期の〝太りにくいカラダ〟の作り方

45歳～50歳（閉経）

この章では、45歳を過ぎてから、閉経の平均年齢である50歳頃までの女性を**「更年期前期」**として、この時期の加齢太り対策を取り上げます。

更年期前期にある女性の心身の特徴は、**女性ホルモンのバランスが乱れ月経不順になり、ホットフラッシュ（ほてりやのぼせ）やイライラといった更年期特有の変調が顕著になってくる**ことです。エネルギー（気）がなくなってしまう「虚」の状態までは行っていない段階ではありますが、「気」や「血」（血液）、「水」（血液以外の体液）といった漢方で全身のバランスを判断する要素の**「巡り」が悪くなっている段階**ともいえます。

この巡りの悪さは代謝の低下につながり、老廃物が排出されないことで、プレ更年期よりも太りやすくなる時期です。養生やエクササイズでは、まずは**「巡りの悪さ」を解消する**ことがポイントになります。

なお、プレ更年期から更年期前期にかけては個人差が出やすいので、この章のターゲットの目安としている45歳よりも若い年齢であっても、血液検査で脂質や血糖値に異常がみられだしたら、この章で紹介する養生とエクササイズを取り入れてみてください。

45歳からは、今までの「常識」を疑い、変えていく

更年期前期の「脾」の守り

「一日三食」を疑って、カラダをリセットする

閉経に向かうこの時期の女性は、食べる内容や量といった「ＩＮ」と便通の「ＯＵＴ」も意識していかないと、体重増が加速してしまいます。

そこで、大事なのは、45歳までの食事、便通や睡眠などの生活習慣で「常識」だと思っていたことを疑うという姿勢です。**これまでの「常識」が、かえって太りやすいカラダを作る原因になりかねない**からです。

代謝が落ちている中で、一日に3回の食事をとってしまうと、「ＩＮ」の過剰、

つまり食べ過ぎでカロリーオーバーとなり、エネルギーの「入り超過」になってしまうこともあります。「一日三食」の常識が、**「これまでと同じ量の食事なのに太っていく」**という現象を引き起こす原因になりうるということです。

この年代は胃腸＝「脾」の働きが衰えていることから、食べた物をうまく消化できないケースも出てきます。しかし、「一日三食」の原則を守り、消化できていないところに、次から次へと食べ物を胃腸に入れ続けていると、老廃物の排出がうまくいかず、便秘といった不調へとつながります。

更年期前期の「脾」の守り

消化ができる量を、消化ができてから食べる

江戸時代の有名な儒学者で、84歳と長寿だった貝原益軒が、健康に関する自らの経験や書物からの知識をもとに書いた『養生訓』には、食事と消化について、次のような一節がありました。

「朝食がまだ消化していなければ、昼食をとってはいけない。菓子などの間食をとってもいけない。昼食がまだ消化していなければ、夕食を食べてはいけない。前夜の夕食がまだ滞っていれば、朝食をとってはいけない。次の食事をとりたいときは、量を半分に減らし、酒や肉は断つべきである」

要は**「消化ができる量を食べる。消化ができてから食べる」**ということです。「規則正しい食事」は「一日3回の食事」とは限りません。もし自分の食べている量が多過ぎるかどうかがわからないときには、夕食を半分にするか、いっそのこと抜いてみて、**「常に胃腸に食べ物を入れている」という状態をリセット**してみましょう。

翌朝起きて最初に白湯を飲み、朝の仕度をしてから朝食をとり、その後の便通を確認してみてください。便の排出がスムーズにいくなど「いつもよりも調子がいいな」と感じたなら、それまでの日々は少し食べ過ぎていたということです。

それ、加齢が原因の「隠れ便秘」かもしれません

便通は、漢方でも不調を判断する際に重要視している項目ですが、「加齢太り」という点からもあなどれません。特に、更年期前期の女性の場合は**「隠れ便秘が太るもと」**になってしまいます。

日々の診察では、45歳頃から閉経前後の女性の患者さんから、便に関して「毎日便は出ています」と言いながらも、「便が出た後もお腹がスッキリしない」「お腹が張った感じがする」「何か便が残っている感じがする」といった訴えをよく聞きます。

これは、「肝」の働きが乱れることで**「気」や「血」の巡りが悪くなって、お腹の張りを感じやすくなっている**ケースだといえます。この現象は、実は「便秘の一つ」といえ、毎日便通があることから私は「隠れ便秘」と呼んでいます。隠れ

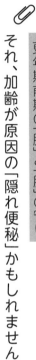

便秘の特徴は、お腹周りに内臓脂肪がつきだした、ペアップル型の体形に移行しつつある女性に多くみられるという点です。

更年期前期に隠れ便秘が多いことにはいくつかの理由がありますが、女性にとって顕著なのは、この時期に起きる**女性ホルモンの急激な低下**です。

女性ホルモンが低下すると自律神経の働きが乱れます。自律神経の乱れは、消化した食べ物を腸の中で移動させたり、便を体外へ排出させたりする腸のぜんどう運動にも影響を与え、便秘になりやすくなります。

さらに、加齢とともに筋肉量が低下していくことで内臓下垂が進み、排便する力も弱くなってくることも隠れ便秘の原因として挙げることができます。

漢方でいえば、自律神経と関係している五臓は「肝」です。肝は「血」(血液)を貯蔵し、「気」(エネルギー)の巡りがスムーズになるようにコントロールする作用があるので、**「肝」の働きを整えることは隠れ便秘の解消に役立ちます。**

「肝」の働きを整えて便通をよくするためには、次のような呼吸法を活用しながらお腹のツボを刺激する方法がおすすめです。

①仰向けに横になり、人差し指と中指、薬指の3本の腹を使い、息を吐きながら、中脘《ちゅうかん》→右大巨《だいこ》→右天枢《てんすう》→左天枢→左大巨（183ページの図を参照）の順にツボを優しく押す。

②その後、両手を重ねてお腹に当て、手を当てたところを膨らますように息を吸い込む。そのとき、手はお腹が膨らむのを感じながら少し抵抗を与える。

③手の位置を、上腹部から下腹部、右腹、左腹、ヘソへと順に移動させながら、圧力を均等に与える。

隠れ便秘の原因としては、ほかの年代の場合と同じように食物繊維が不足していたり、腸内で悪玉菌が善玉菌よりも優勢になっているといった環境の悪さなどもあげられます。便秘に効果のある**食物繊維**をとるには野菜もいいですが、食べることができる量には限界があります。食物繊維は、**玄米やライ麦パン**などにも多く含まれているほか、**豆類や海藻類、キノコ類**などからもとることができるの

肝の働きを整え隠れ便秘の解消に役立つツボ

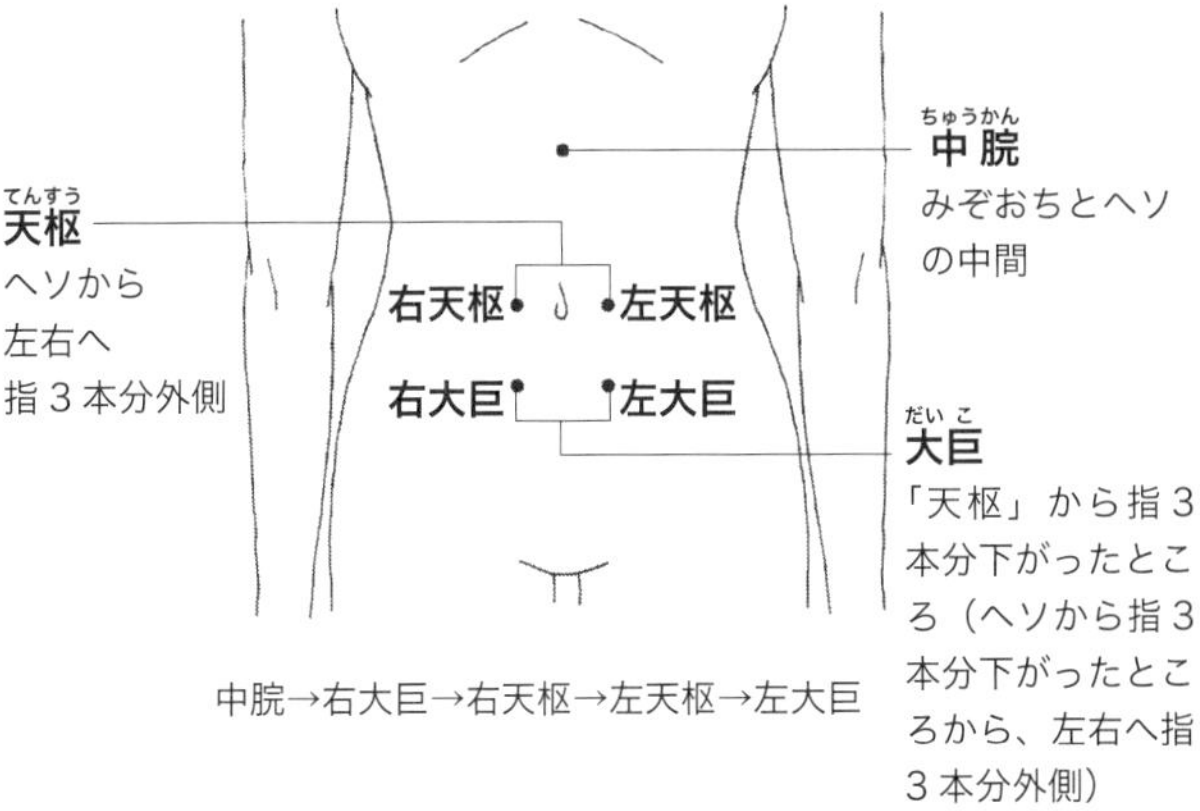

中脘《ちゅうかん》
みぞおちとヘソの中間
天枢《てんすう》
ヘソから左右へ指3本分外側
右天枢
左天枢
右大巨
左大巨
大巨《だいこ》
「天枢」から指3本分下がったところ（ヘソから指3本分下がったところから、左右へ指3本分外側）
中脘→右大巨→右天枢→左天枢→左大巨

隠れ便秘に効く食材

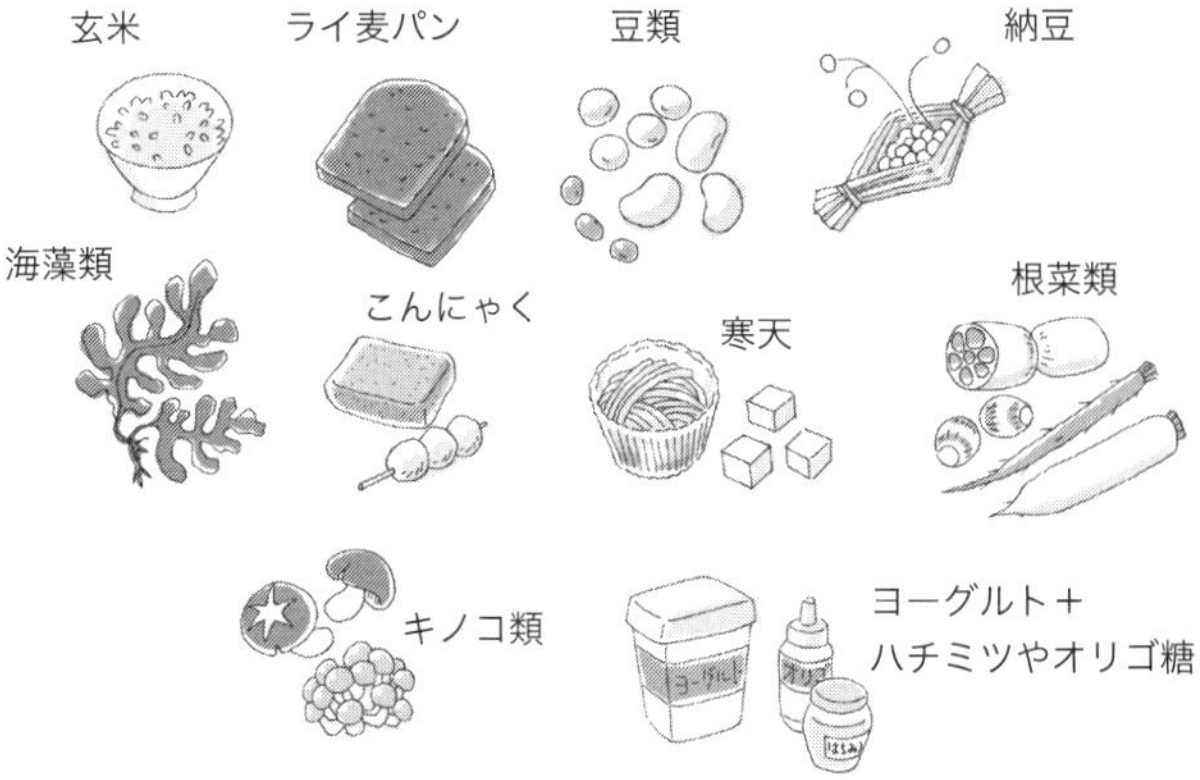

玄米
ライ麦パン
豆類
納豆
海藻類
こんにゃく
寒天
根菜類
キノコ類
ヨーグルト＋
ハチミツやオリゴ糖

で、幅広い食品を食べ栄養が偏らないようにしましょう。

また、腸内環境を整えるのにいいといわれる**ヨーグルト**は、善玉菌の活動を活発にする役割があるといわれる**オリゴ糖やハチミツと一緒に食べると、より効果が高い**でしょう。

45歳からの便通は「排便がある」ということだけでなく、「排便後のスッキリ感」があるかどうかにも注意を向けてみてください。

更年期前期の「肝」の守り

こま切れ睡眠になるくらいなら、入浴は朝に

更年期前期になると、これまでと同じように暮らしていても「疲れやすい」と感じる機会が増えてきます。

この理由を私は、エネルギー（気）の総量をボールにたとえ、**「エネルギー・ボール・セオリー」**という形で患者さんに説明しています。簡単にいうと、疲れ

やすくなる理屈は「加齢とともにエネルギーの総量が小さくなり、しかも、カラダはホルモンバランスを整えることなどのために余分なエネルギーを無意識のうちに使っているので、実際に使えるエネルギー量も少なくなる」ということです。

しかし、ボールが小さく、中の空気（エネルギー）も薄くなっていくことに気づくのはなかなか難しいものです。特に、それまでエネルギーがあふれていて、ボールが大きかった人はなおさらです。

このセオリーに気づいていない患者さんの話でよくあるのは、夕方から夜にかけて疲れが出るので、夕食後に仮眠をとって、夜中に目を覚まし入浴して未明に再び眠りにつく――というケースです。これでは、漢方の「肝」が異常になる、つまり自律神経の働きを乱すことになります。自律神経の働きの乱れは太りやすさにもつながることは、これまでもお話ししてきた通りです。

たとえば、午後8時から2時間眠り、午後10時から深夜3時まで入浴や読書などをして午前7時に起きた場合、合計で6時間は寝ていることになりますが、こうした**こま切れの睡眠では深い眠りと浅い眠りの切り替えがうまくいっていません。**

連続して6時間の睡眠をとった人に比べると眠りの質は悪く、結果的に夜更かしパターンと同じように太りやすい生活習慣だといえます。

入浴するにもエネルギーが必要です。入浴に必要なエネルギー（気）が残っていない場合は、まずは睡眠で「気」を補うようにしましょう。眠いときには入浴せずに、いっそのこと仮眠ではなく「本眠り」をして、**翌朝に早めに起きてお風呂に入るほうが、まとまった睡眠時間をとることができ、「質の良い睡眠」につながります。**今までの習慣や常識にとらわれず、臨機応変な対応をしていきましょう。

セルフケア・ポイント

- 三食食べるという常識を疑う——空腹を感じないときは、一食抜いてみる。
- 便通があれば大丈夫という常識を疑う——隠れ便秘には食物繊維とツボ刺

激を。

- 「入浴は夜」という常識を疑う——早く寝て、朝風呂に入るのもあり。

お腹と下半身引き締めエクササイズ

アプローチポイント　腹部血流アップ・姿勢改善・下半身むくみ対策

更年期前期は巡りが悪くなり、それが代謝の低下につながる時期です。お腹から太ももの血液、リンパ循環を促して下半身スッキリを目指しましょう。

1　ぽっこりお腹をスッキリ引き締め

お腹スッキリ ムービングプランク

① うつ伏せからお腹を凹ませ、身体を持ち上げる。30秒～1分保持し、そっと床に降ろす。

② ①の姿勢をとりアゴを引き、脊柱は緩やかなカーブで持ち上げ、4秒キープ。

③ 息を吸いながら、4秒で①の姿勢に戻す。

④ 床に下ろさず、②③を5～6回。

※腰が反らないように常にお腹に力を入れて行う。キツいときは膝を床に降ろして行う。

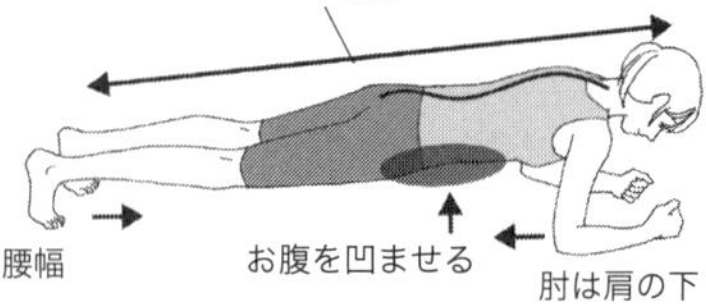

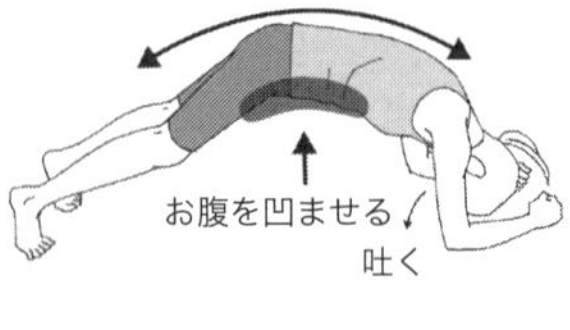

2 ヒップを鍛えてダルさ改善

カエルヒップリフト

① 仰向けで膝を開き、肩甲骨は骨盤方向に下げ首を長く保つ。

② ヘソ裏を床に沈めドローインしながらお尻を下から順に持ち上げお尻をギュッと締める。息を吐く。

③ お尻を上げたまま息を吸い、吐きながら脊柱を上から順に降ろす。

④ ②③を5～8回。

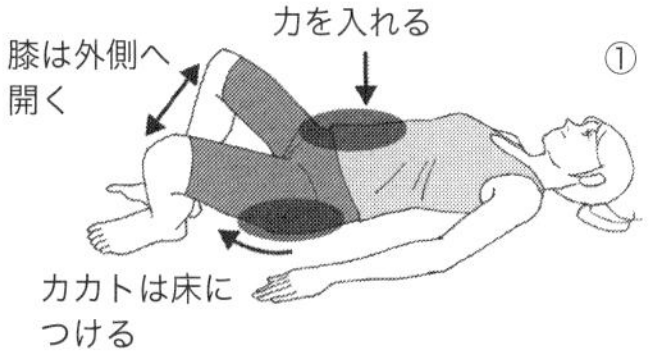
①
力を入れる
膝は外側へ
開く
カカトは床に
つける

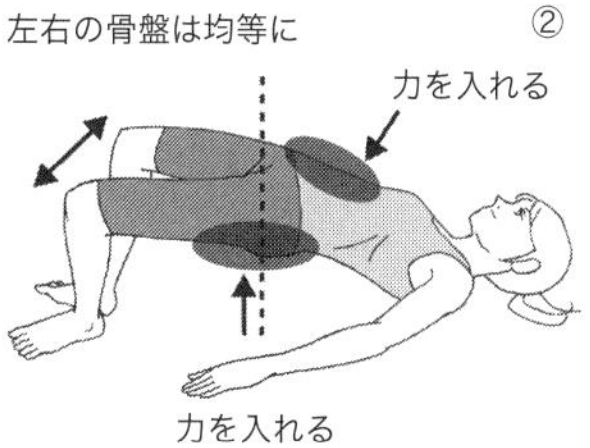
②
左右の骨盤は均等に
力を入れる
力を入れる

お腹に力が入りにくい時

腹筋覚醒エクササイズ

両膝を立て、ウエスト裏に敷いた畳んだタオルをお腹の力で押しつぶしながらカカトを遠ざける（完全に膝がのびなくてもよい）。30秒キープ。3～5回を逆脚も行う。

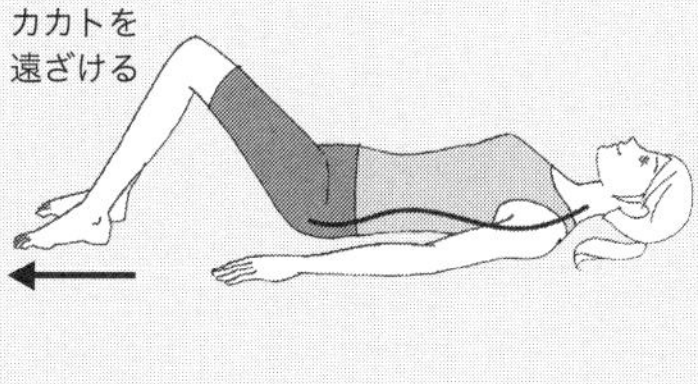
カカトを
遠ざける

3 背筋を整えて後ろ姿勢スッキリ

上背部の引き締めエクササイズ

① うつ伏せになり、お腹の力でヘソを床から1センチ浮かせる。同時に、可能な限り恥骨を床に降ろす。

② 頭、胸の順に上体を持ち上げ、肘を背中の中心に向かって引き寄せる。息を吸う。

③ 息を吐きながら①に戻す。②③を5回。

※上半身が横にずれないよう、左右均等に動く。

※下半身が動いてしまう場合、内腿にボールやクッションを挟んで安定させる。

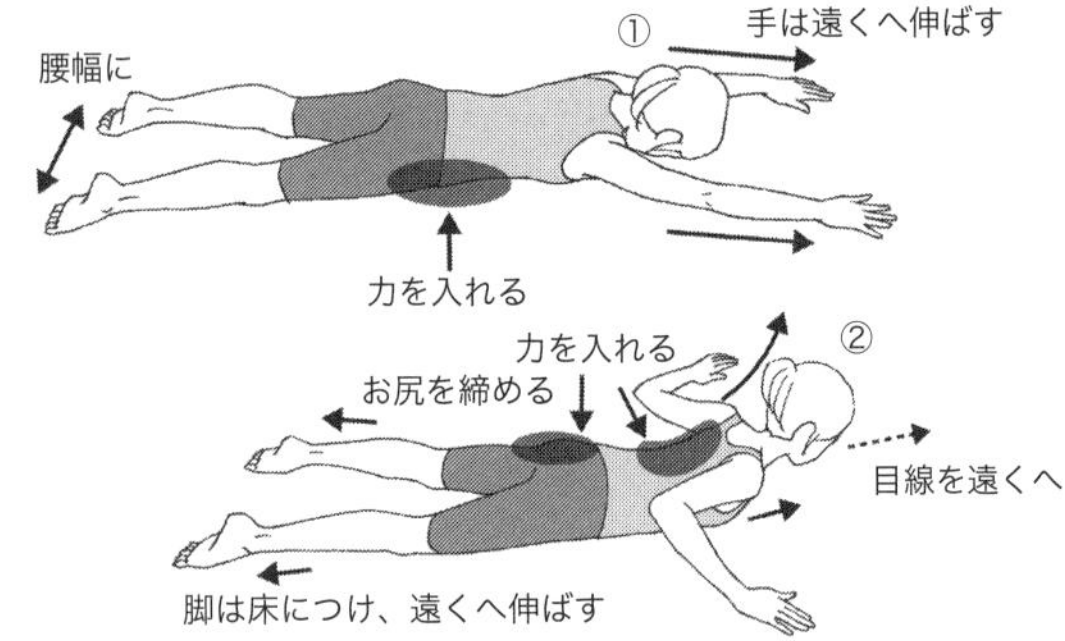
①
手は遠くへ伸ばす
腰幅に
力を入れる
②
力を入れる
お尻を締める
目線を遠くへ
脚は床につけ、遠くへ伸ばす

④ 正座又はアグラで背中を丸めながら前屈し、深呼吸しながらストレッチする。

⑤ より伸ばしたければ、④の姿勢から、右手を斜め前方に、左手は脚の横に置き、右腰のストレッチをする。

逆側からも同様に行う。

※常にドローインして腰に負担をかけないように、上背部の筋肉を使う。反る姿勢がキツい時は、上体は反らさずに腕の動きだけでもよい。

4 股関節筋を鍛えて血流促進

ステーショナリーランジ

①足幅はコブシ2個分平行に開き片脚を後ろに大きく開く。体重は前後均等。

②身体を垂直に保ち、後ろ膝が床ギリギリになるまでしゃがむ。息を吸う。

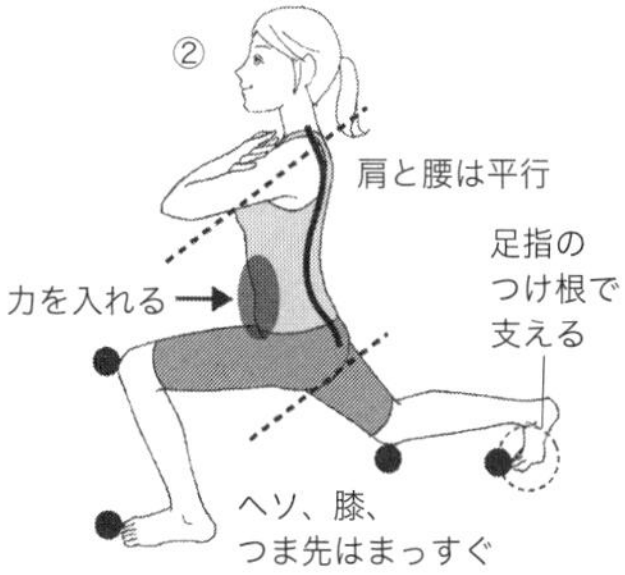

②
肩と腰は平行
足指のつけ根で支える
力を入れる
ヘソ、膝、つま先はまっすぐ

※キツいときは、浅くしゃがみ、上下に動かす幅を少なくする。

③垂直姿勢を保ったまま立ち上がる。息を吐く。

④②③を6〜10回。

⑤逆脚も同様に行う。

※バランスがとりにくいときは壁につかまりながら行う。

※更に、後ろ脚のカカトを壁に当てて行ってもよい。

チャレンジエクササイズ

②の姿勢を保持し骨盤は動かさず、胸からツイストする。正面に戻してから立ち上がる。6〜10回。

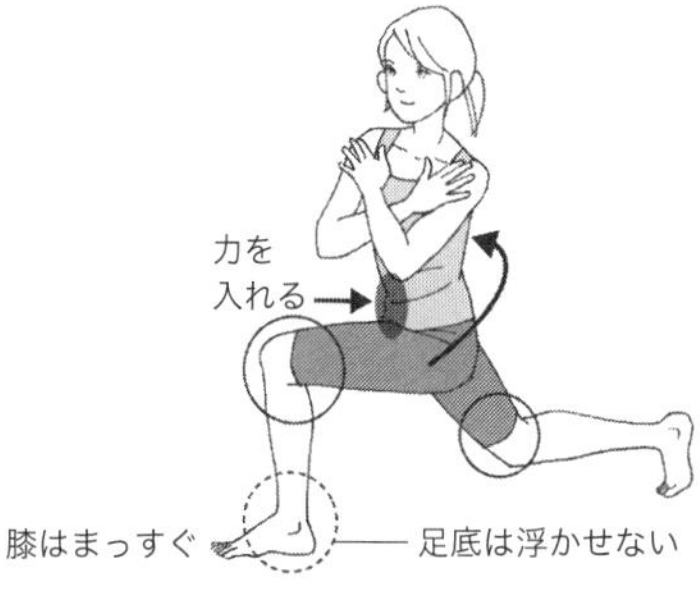

力を入れる
膝はまっすぐ
足底は浮かせない

ストレス対策エクササイズ

アプローチポイント　上半身の緊張緩和・脊柱の硬さ改善・血液循環

更年期前期はとてもストレスフルな時期です。エクササイズで下半身の安定力を高め、上半身の血流を促進し、ガチガチの緊張を緩めましょう。

1 ウエスト絞ってイライラ改善

準備 アルファベットのXのように手脚を伸ばして仰向けになり、お腹に力を入れながら左肘と右膝を引き寄せ合いお腹の力で元の姿勢に戻す。片側を連続で5回行う。

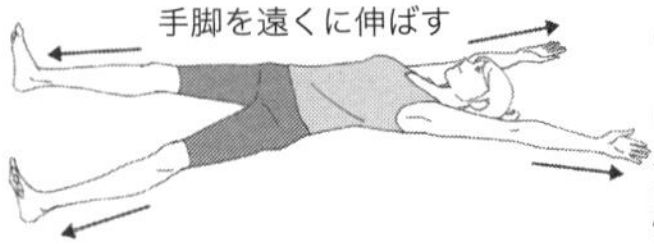

手脚を遠くに伸ばす

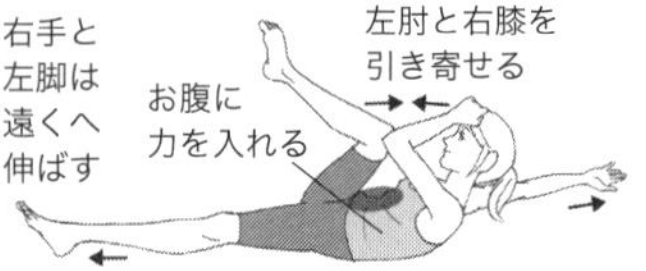

左肘と右膝を引き寄せる
右手と左脚は遠くへ伸ばす
お腹に力を入れる

下腹部スッキリエクササイズ

① 仰向けで両膝の裏にボールやクッションを挟む。

② 両手を体側に伸ばし、下腹部を凹ましながら、お尻をウエストラインに持ち上げ3秒キープ。

③ お尻をそっと降ろす。

④ ②③を5～8回。

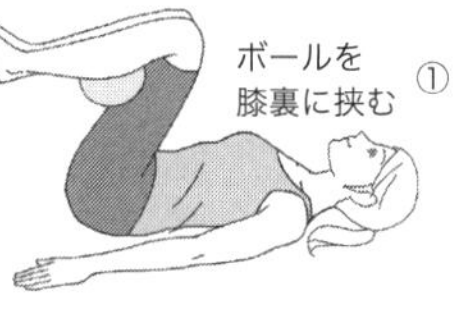

①
ボールを膝裏に挟む

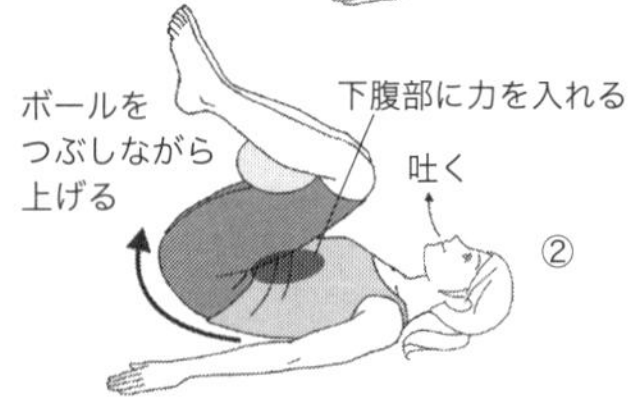

②
下腹部に力を入れる
ボールをつぶしながら上げる
吐く

チャレンジエクササイズ

① ①の姿勢をとり、下腹部を凹ませながら、膝を右胸に向かって引き上げ、戻す。6〜8回。同様に左側も行う。

2 胸筋・背筋を整えてむくみ解消

肩と胸筋を伸ばしてスッキリエクササイズ

① バランスボールや段差を使い、頭から上背部が無理なく反れるように寄りかかる。膝は腰幅。

② ペットボトルを両手に1つずつ持ち、天井に向けて伸ばす。肩甲骨を骨盤側に下げ、胸を張る。

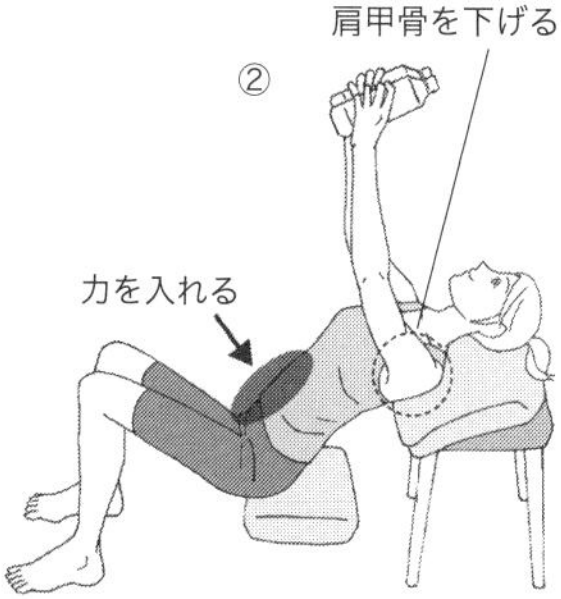
肩甲骨を下げる
②
力を入れる

③ 腕を横に開き肩甲骨を内側に寄せて胸を張る。

④ 胸を張ったまま腕を天井へ戻す。息を吐く。

⑤ ③④を10回。

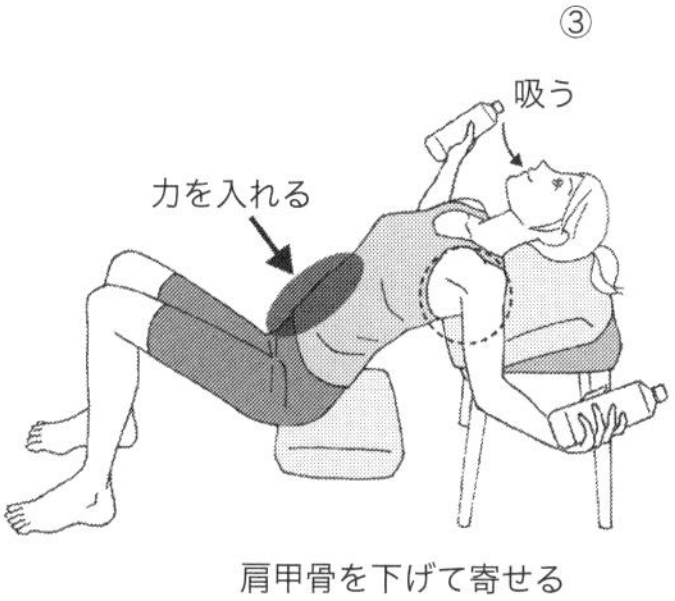
③
吸う
力を入れる
肩甲骨を下げて寄せる

脇、腕のびのびエクササイズ

①前のエクササイズの②の姿勢でペットボトル2つを両手で揃えて持つ。(大きいものなら1つ)

②両手を後ろへ遠くに伸ばし胸を反らせる。息を吸う。目線は指先を追いかけながら行う。

③胸を張ったまま、両手を天井へ戻す。息を吐く。

※肩に不安があれば何も持たずに練習する。

※上半身が硬い人は、胸の前でタオルの端を両手で持ち、横にピンと張ったまま万歳をするように後方へ伸ばす。タオルはできるだけ身体から遠ざけ、背中や骨盤は左右均等に保つ。

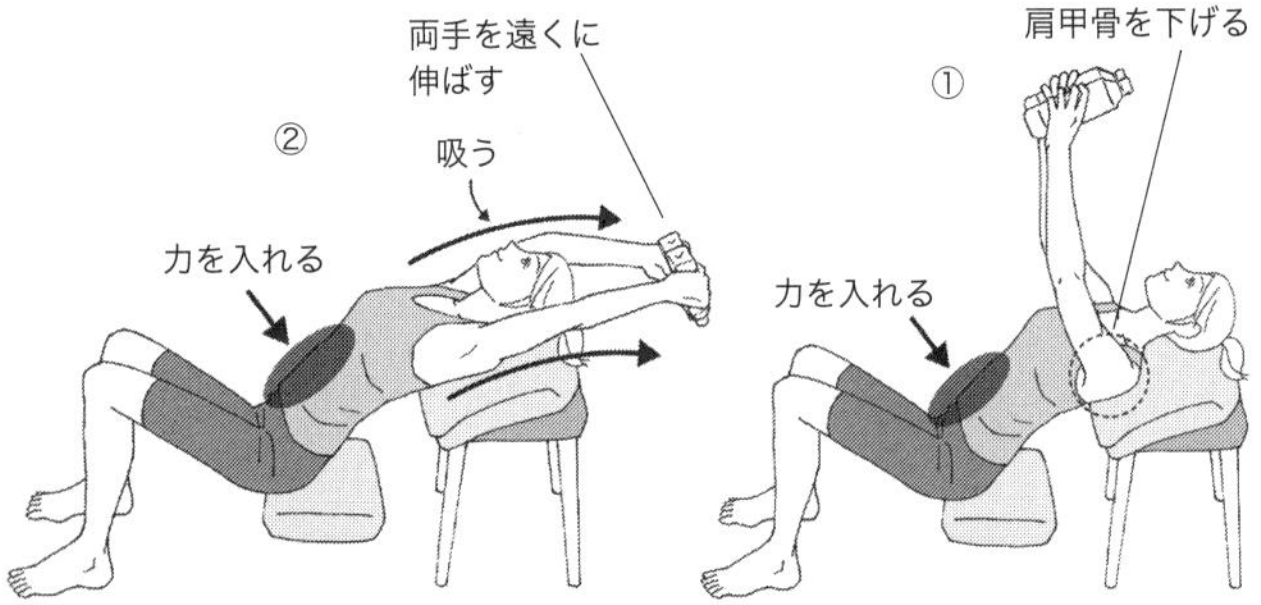
①
肩甲骨を下げる
力を入れる
②
両手を遠くに伸ばす
吸う
力を入れる

上半身の筋肉に力が入りにくい時

胸筋覚醒エクササイズ

①両手のひらを合わせ、肩を下げて胸を張り、背筋を伸ばす。手と手を押し合い胸に力を入れる。10秒。3回。

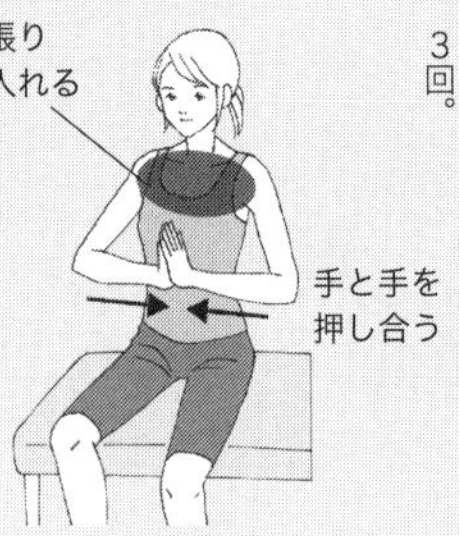
胸を張り
力を入れる
手と手を
押し合う

②胸を張ったまま手の指先を前に向け20センチ位前方に押し出し、元に戻す。3回。

※息を止めずに自然呼吸で行う。

3 デコルテ筋で呼吸力アップ

胸筋スッキリエクササイズ

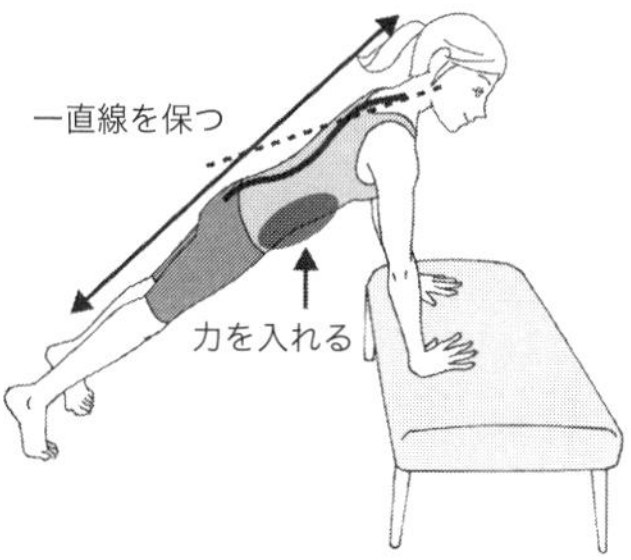

一直線を保つ
力を入れる

① 両手指先をやや内側に向け、肩幅よりやや広めに少し高さのある台の上に置く。手首の上に肩が乗り、頭からカカトが一直線になるように保つ。肩甲骨を骨盤側に下げ、お腹に力を入れながら胸を張る。

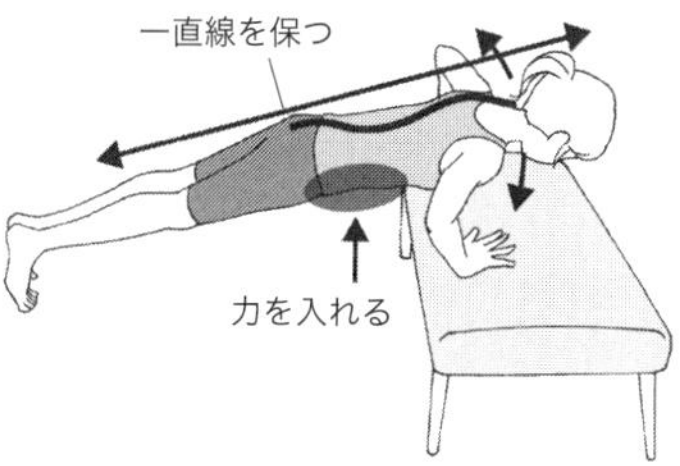

一直線を保つ
力を入れる

② そのまま肘を曲げ座面に身体を近づける。2秒保つ。息を吸う。

③ ①の姿勢に戻す。息を吐く。

④ ①②を5~10回。

※腰が反らないようドローインを保持する。キツいときは壁に手を置き、強くしたい時は床で行う。

お腹に力が入りにくい時

優しい刺激で
お腹覚醒エクササイズ

両手の指を腹部の皮膚に当て、お腹の外からヘソに向かって上下や左右から優しく指先でなでる。1分位。

4 ヒップと背中を鍛えて姿勢美人

準備

① 後頭部、肩甲骨、肋骨、骨盤を壁につけ、ウエストラインは指一本分の隙間を空けて立つ。ドローインしたニュートラル姿勢、足は腰幅、壁から一足分離す。膝は少し曲げておく。

①
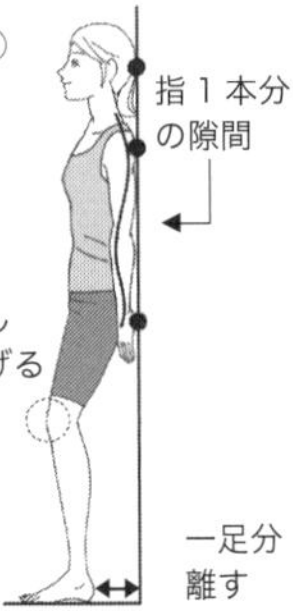
指１本分
の隙間
少し
曲げる
一足分
離す

② 股関節から45度前傾し、坐骨（お尻の底の骨）を壁につけ①の背中のラインを保持。

②
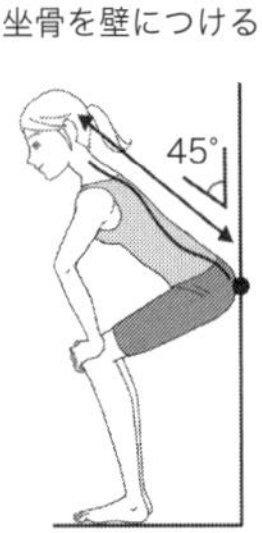
坐骨を壁につける
45°

③ ①②を3〜5回。

デッドリフト

① 準備②の姿勢をとり、坐骨を壁から離す。

② 胸を張り身体を起こしながら膝を伸ばし、最後にお尻を締め立ち上がる。

②

胸を張る
お尻に力を入れる

③ 膝を少し曲げ、股関節から身体を45度前傾し、①の姿勢に戻す。

③
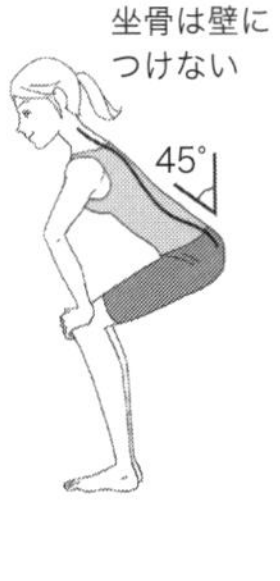
坐骨は壁に
つけない
45°

④ ②③を5〜10回繰り返す。

※余裕があれば、両肘を伸ばし両手は腿前からスネに滑り降ろす。

チャレンジエクササイズ1

ペットボトルなどのウェイトを持ってデッドリフトを行う。

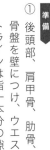

チャレンジエクササイズ2

床にペットボトル2本を肩幅位に置く。1歩後ろの真ん中に立ち、両手を横に広げ、片脚を後方に伸ばしバランスをとる。5〜10秒キープ。

デッドリフトの姿勢をとり片脚を後ろに伸ばし身体をねじりながら右手で左のペットボトルにタッチ。最初の姿勢に戻り、左手で右のボトルにタッチ。5回連続。逆脚でも同様に行う。

グラグラする感覚も楽しみ身体を立て直す筋肉や神経を育てる。

※背中が丸まったり腰が反り過ぎないように最初の姿勢を保つ。チャレンジエクササイズ2がキツい時はボトルを台に載せて行う。

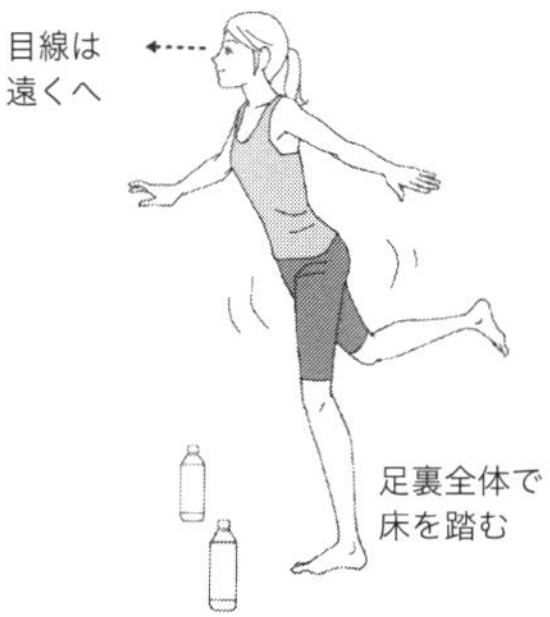
目線は
遠くへ
足裏全体で
床を踏む

股関節から
身体を倒す

背中が硬く背筋を伸ばすのが苦手な方

上半身覚醒3Dストレッチ

①右指先を肩に乗せ身体を左に傾け、肘を後方の天井へ向け、胸をストレッチするように引き上げる。息を吸う。

②体幹をねじり肘はナナメ左下の床に近づける。息を吐く。

③①②を4〜5回往復。①〜③を逆側から行う。

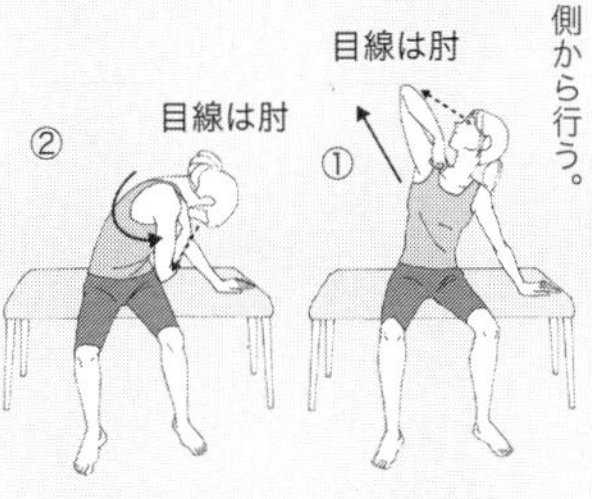
目線は肘
①
目線は肘
②

Chapter 6

更年期後期からの〝太りにくいカラダ〟の作り方

50歳〜（閉経）以降

閉経（50歳前後）を過ぎると、それまでの「肝」や「脾」の異常からくる、「気」（エネルギー）や「血」（血液）、「水」（汗など血液以外の体液）の巡りの悪さに加え、**「気」「血」「水」が不足したり、五臓そのものの働きが弱ってきたりといった「虚」の状態**になっていきます。特に、更年期後期は閉経を迎えていることから、女性ホルモン分泌と関係のある**「腎」の働きが低下する「腎虚」の状態**が顕著になります。

カラダ全体が「虚」に向かっていくことで、内臓脂肪を溜め込みやすくなり、体形は本格的にペアップル型へと変化していくことが、更年期後期からの大きな特徴といえます。

加齢で胃腸（脾）の機能が衰えると、それまでと同じ内容や量の食事をすることが難しくなってきます。この現象は、「食べることができても、食べないほうがいい」という更年期前期とは明らかに異なる点です。後期は「食べることができなくなっていく」のです。その上、**「腎」の働きも低下することで、カラダ全体が冷えやすく、また、代謝も落ち、**「出るエネルギー」も少なくなることから**脂質を溜め込みやすくなります。**

50歳からの「腎虚」に向かうカラダは、脂肪を溜め込みやすい

更年期後期になったら無理なトレーニングは禁物

50歳を過ぎた頃からは、食事は**あっさりしたものを少しだけしか食べていないのに、体形がどんどんペアップル型になっていく**という現象を目の当たりにする機会が増えてきます。

別の見方をすると、「入るエネルギー」も「出るエネルギー」も少なくなっている中で太るわけです。そのため、これまでのエネルギーの出納帳論理をもとに「入るエネルギーは減るわけだから、痩せるためには出るエネルギーを増やしてみよう」と考えたくなるところですが、残念ながら更年期後期になったら、そう

単純にはいきません。

エネルギーを消費しようと、月に数回しかスポーツクラブに行っていなかったのを週3回に増やしたり、ランニングの習慣がないのに突然マラソンに挑戦するといった行動は、もともとカラダが「虚」になっている更年期後期にとっては、痩せるより前に「疲れ」となってあらわれ、体調が悪くなってしまいがちなのです。

カロリーを抑え過ぎると、ますます太りやすいカラダに

一方で、カラダに入るエネルギーを減らそうと、食べる量を減らしたりカロリーを抑え過ぎると、これもまたカラダの「虚」の状態をいっそう進めることにつながってしまいます。

この年代は、コレステロールや動脈硬化などの生活習慣病を予防する意味でも、ダイエット対策は必要なのですが、その方法として、**脂質やカロリーを控え、胃腸に負担をかけない炭水化物を中心とした「あっさり」した粗食を続けている人**

が多いことが、とても気になっています。

そのような食生活では、タンパク質が不足し、疲れやすくなり、筋肉量も減ってしまうために代謝が悪くなります。さらに、ビタミン不足などの栄養の偏りによって、かえって太りやすくなりがちなのです。

更年期後期のダイエットは、エネルギーの「IN」も「OUT」も、「量」ではなく、「質」で勝負することが肝要です。**意識すべきは、食べる量ではなく食事内容や食べ方**、そしてエクササイズの量ではなく**運動の内容や種類といった質への対応**といえるでしょう。

セルフケア・ポイント

- 無理なトレーニングや極端な節食はカラダを「虚」に向かわせるのでNG。
- 炭水化物中心の食事はかえって太る。
- 50歳を過ぎたら食事内容や食べ方に注意。

50歳からの「粗食」は太る！

更年期後期の「脾」の守り

夕食の炭水化物の量を見直す

50歳以降で「夕食に白米を食べるのが大好き」と語る患者さんから、よく「太ることが気になる」という相談を受けます。

白米を含めお米の主な成分は炭水化物です。炭水化物はタンパク質と脂質とともに三大栄養素と呼ばれる大事な栄養素です。市販の食品のパッケージに表示されている栄養成分にも「炭水化物」が記載されています。

炭水化物の成分量は、「糖質」と「食物繊維」の合計であらわされます。糖質の「糖」という漢字から「糖質＝砂糖」とイメージする方も多いかもしれません。確かに砂糖には糖質が含まれていますが、それ以外にも、お米や小麦などの穀類、イモ類などにも含まれています。

糖質は体内に入ると血中にブドウ糖として吸収され、エネルギーとして働きます。特に白米に含まれる糖質は消化や吸収がしやすいためエネルギーになりやすく、しかも持続性も高いといわれています。

スポーツ選手がよく、大事な試合の前には「おにぎり」を食べて栄養補給をしていると語るのも、そのためです。

ただ**「夕食に白米をお腹いっぱい食べる」という食習慣は、更年期後期の女性にとっては要注意**です。寝るためにもエネルギーが必要とはいえ、日中に活動するほどには必要ありません。食後に入浴する程度の活動で寝てしまうのであれば、糖質がエネルギー源として消費されずに余る可能性が高く、その分は脂肪として蓄積されていってしまいます。

50歳を過ぎたら、白米を含めエネルギー源となる糖質は、夕食時には減らすように心がけましょう。夕食で白米を食べるにしても、量を朝食や昼食よりも減らしたり、穀物の中でも糖質の割合が白米より低い**玄米や雑穀米に切り替えるといっ**

た**「質」の転換**をすることで、摂取量をコントロールしてみてください。

更年期後期の「腎」の守り

脂肪と糖をとり過ぎない

「おいしいものは、脂肪と糖でできている」という、お茶のコマーシャルがありました。このコピーは、とても的を射ていると思っています。

急に太ってきたと悩む50代後半の患者さんは、夏の暑い時期に食欲がなくなり、それでも何か食べねばと、高級アイスクリームを毎日食べていました。

更年期後期はカラダ全体のエネルギーが減ってくる年代なので、甘い物を食べてエネルギー補給をしたくなるのは自然なことなのですが、五臓と五味の関係でいうと、**甘味の食材をとり過ぎてしまうと、老化に関係する「腎」を傷つける**ことになります。エネルギーを補給しようとして甘い物を食べ過ぎると、かえってエネルギーを減らしてしまうというジレンマに陥ってしまうのです。

この患者さんは「食事を抜いてミニカップのサイズのアイスを食べているのだから」と自身を安心させていましたが、この食習慣には大きな問題があります。まず、アイスクリームは脂肪が多いため、毎日とることは50代のカラダにはよくありません。

厚生労働省がアイスに含まれる乳成分の量ごとに作成したデータによれば、「アイスクリーム」とは、水分を除いた成分である乳固形分が15・0%以上で、そのうち乳脂肪分が8・0%以上入っているものを指します。アイスミルク（乳固形分10・0%以上、うち乳脂肪分が3・0%以上）やラクトアイス（乳固形分3・0%以上）と比べて、アイスの中でももっとも脂肪分が多く含まれているのです。

ある高級メーカーのアイスクリームのバニラ味では、小さなサイズ（110ミリリットル）でも、脂質16・3g。さらに、炭水化物も19・9gありました。炭水化物は糖分と食物繊維の合計ですが、アイスクリームの場合は、ほぼ糖分の量とみていいでしょう。カロリーも250キロカロリー弱ですから、激しいスポーツをした後などならまだしも、ふだんの生活で、これだけの脂質と糖質、カロリーを毎日とるのは、明らかに「ＩＮ」のオーバーです。

こうした**脂質や糖質、カロリーのとり過ぎ**は、最近では「ナッツは美容にいい」「チョコレートは健康にいい」といった理由で、それらを毎日食べている方にもみられる傾向です。

アーモンドにはビタミンＥや食物繊維、オレイン酸が豊富に含まれ美容効果が期待でき、また、素焼きアーモンド30ｇで、悪玉コレステロールと呼ばれるＬＤＬコレステロールが４㎎／dL強下がるといわれています。

しかし、アーモンドの成分の約50％は脂質です。あるコンビニエンスストアで売っていた「素焼きミックスナッツ」は１袋が35ｇで、２３１キロカロリーとありましたが、それを一日に何袋も食べたりしては明らかに脂質過多です。かえって顔に吹き出物が出たり、胃もたれや下痢をしやすいといった悪影響が出ます。

コレステロール値の改善が期待できる**カカオポリフェノールが含まれているチョコレートを食べる際にも同様のことがいえます。**

江戸時代に書かれた貝原益軒の『養生訓』には、「美味、珍味の食べ物が出てきても、腹八、九分でやめなさい。十分に飽食すると、あとで災いになる」と記されています。いくらカラダにいいといっても、何事も過ぎたるは及ばざるが如しということでしょう。

更年期後期の「腎」と「脾」の守り

「栄養失調で太る」を避けるにはタンパク質をとる

さらに、アイスクリームやナッツ、チョコレートなどを間食でとることによる別の弊害もあります。間食でお腹が満たされ食欲がわかず、昼食や夕食の量が減り、結果的に栄養のバランスも悪くなるといったケースです。

「閉経してから、一ヶ月で4キロも急に太った」50代前半の患者さんは、疲れやすくイライラすると訴えていました。人間ドックの結果をふまえて診断したところ、鉄欠乏性貧血や低蛋白血症、ビタミンB群欠乏症でした。つまり「栄養失調

（低栄養）の状態」が疑われたのです。

この患者さんは、ふだんの食生活について、こうおっしゃっていました。

「簡単に食べられるパスタや丼物などの一品料理や、食事に行けないときは職場にあるお土産のお菓子ですませることがけっこう多い。胃の調子が悪いときは、お茶漬けだけのことも。でも、それは今までも同じでした」

以前と同じ食習慣であっても、腎や脾（胃腸）のエネルギーが明らかに衰えてくる年代では、少しの食事の偏りや不摂生であっても、体調や体形の変化としてでてきめんにあらわれてきます。

この患者さんの食生活の改善のポイントは、カラダを温める効果もあるタンパク質をとることでした。ふだんの食事で野菜や果物をとるよう心がけるとともに、特に肉や魚などのタンパク質を意識的にとるようにし、夕食は炭水化物を減らすようにしてもらいました。

一年後には検査値や体調が改善し、筋力低下を防ぐエクササイズの効果が上がり代謝もアップしたことから、体重の急増もなくなり、サイズダウンができたと

30 歳以降の理想的な食生活

	30－49 歳	50－69 歳
エネルギー必要量 身体活動レベル普通	2000 kcal/ 日	1900 kcal/ 日
タンパク質 推定平均必要量 推奨量 目標量（中央値）	 40 g/ 日 50 g/ 日 13－20(16.5)％エネルギー	 40 g/ 日 50 g/ 日 13－20(16.5)％エネルギー
脂質 目標量（中央値） 飽和脂肪酸 n-6 系脂肪酸* n-3 系脂肪酸**	 20－30（25）％エネルギー 7 以下 ％エネルギー 8 g/ 日 1.6 g/ 日	 20－30（25）％エネルギー 7 以下 ％エネルギー 8 g/ 日 2.0 g/ 日
炭水化物	50－65(57.5)％エネルギー	50－65(57.5)％エネルギー
食物繊維	18 以上 g/ 日	18 以上 g/ 日

* n-6 系脂肪酸には、リノール酸、γ - リノレン酸（18:3n-6)、アラキドン酸などがあり、γ - リノレン酸やアラキドン酸はリノール酸の代謝産物である。
** n-3 系脂肪酸には、食用調理油由来のα - リノレン酸と魚由来のエイコサペンタエン酸（eicosapentaenoic acid : EPA)、ドコサヘキサエン酸（docosahexaenoic acid : DHA) などがある。体内に入ったα - リノレン酸は一部 EPA や DHA に変換される。

厚生労働省「日本人の食事摂取基準」(2015 年版）より

のことでした。

50歳以降の方が、タンパク質を一日当たりどのくらいとればいいのか、目安を紹介しましょう。

２１１ページに示した厚生労働省が発表している日本人の食事摂取基準（２０１５年版）の概要では、50歳以降でも**一日当たり40～50gのタンパク質を摂取する**ことが推奨されています。鶏のささみやサケの場合なら２００gでタンパク質は45g前後。もめん豆腐なら２パック（６００g）で40g強となります。食品の成分表を参考に、タンパク質を意識した食生活をしてみてください。

更年期後期の「腎」の守り

疲れ過ぎないための「ちょこちょこ運動」のススメ

腎が弱くなっている「腎虚」の年代の運動で気をつけてほしいのは、「週1回、まとめて3時間」といった「集中」方式や、「毎日、スポーツクラブでトレーニング」といった「頻繁」対応に敏感になり過ぎないことです。

代謝が低くなってカラダのエネルギーも少ない中、1回に集中してトレーニングをしても、その効果は大きくは望めないばかりか、関節などに負担をかけてしまいかねません。

また、頻繁にトレーニングをし過ぎて疲れてしまうほど頑張ってしまうと、腎のエネルギーをさらにすり減らしてしまいます。

そこで、**おすすめしたいのは「ちょこちょこ運動」**です。

スポーツクラブに行かない日も**毎日5分から10分程度**の短時間でいいので、少しずつ、カラダが疲れすぎない程度に気になるパーツに効果的なエクササイズを行い、日々「OUT」を意識する習慣を身につけましょう。

人生100年時代。「ダイエットは一日にしてならず」の精神で、次に紹介するエクササイズを参考に、無理なく末永く楽しんでみてくださいね。

セルフケア・ポイント

- 夕食の炭水化物は極力減らす。
- 脂肪と糖をとりすぎず、タンパク質をとる。
- 毎日5分のエクササイズから始める。

下半身集中エクササイズ

アプローチポイント　サイドライン引き締め・骨盤安定・下半身バランス

更年期後期はエネルギー不足に悩む時期。足腰を鍛えながらコア筋と下半身のつながり力を高めていきましょう。

1　お腹の力で体温アップ

のびのび腹筋エクササイズ

① 胸の後ろにボールを敷き、両手で頭を支え胸を反らせ息を吸う。

② 上体を2秒で持ち上げ2秒保持する。息を吐く。

③ お腹を凹ませたまま4秒で上体を降ろし①に戻す。息を吸う。

④ ②③を8～10回。

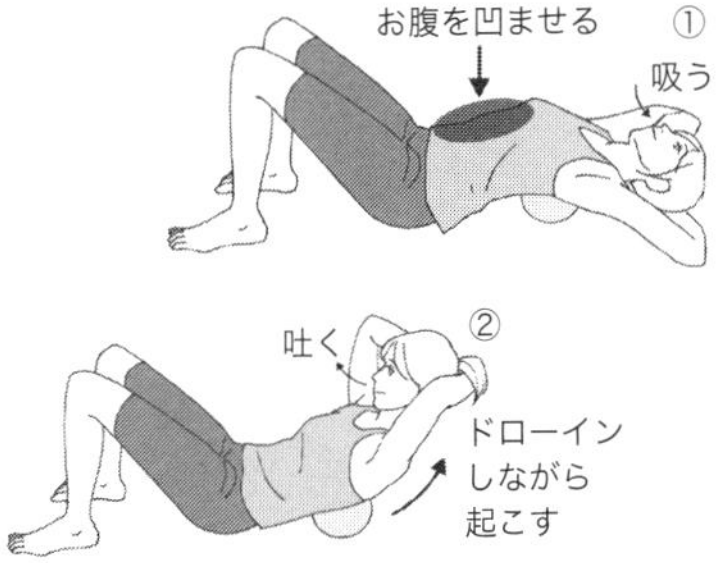

①
お腹を凹ませる
吸う
②
吐く
ドローインしながら起こす

⑤ 右手を頭に、左手はナナメ前方に伸ばし上体をツイストしながら持ち上げ、右腿の外側にタッチ。4秒。

⑥ 身体を降ろしながら手をナナメ後ろに伸ばす。目線は指先。

⑦ ⑤⑥を繰り返す。5～8回。

⑧ 逆側からも同様に行う。

※上体を起こす時はアゴを引きヘソを見る。

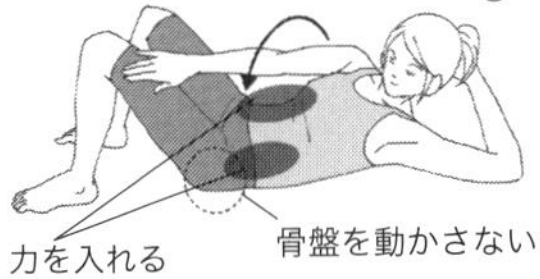

上体をツイスト
⑤
力を入れる
骨盤を動かさない

2 お尻を鍛えてリンパ液の流れを促進

小尻キュッとエクササイズ

① ボールを内腿に挟み、うつ伏せになる。下に畳んだタオルなどを敷き腰が反らない角度を保つ。

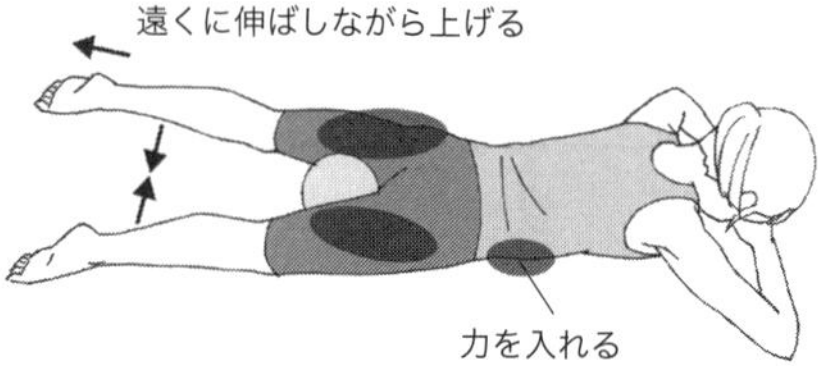

② ドローインし、お尻、内腿に力を入れ、両足を遠くに伸ばしながら床から持ち上げる。ゆっくり呼吸しながら30秒～1分保つ。3回。

③ 座位で背中を丸め上体を前に倒す。深呼吸しながら腰をストレッチ。10～20秒。

ヒップに力が入りにくい時

踏むだけお尻覚醒エクササイズ

①右腿を両手で抱え、左カカトの下のボールを潰す。お尻に力を入れる。20秒キープ3回。
②逆側から行う。

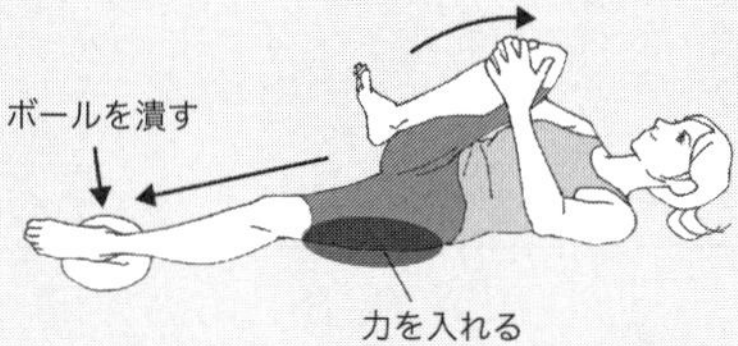

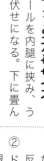

サイドヒップ引き締めエクササイズ

① 左肘を肩の真下、両膝を重ねて45度に曲げ、横向きになる。肘、骨盤、カカトを横一直線に並べ左脇をまっすぐ持ち上げる。

② 右足首を曲げカカトを少し上向きに、脚を遠くに伸ばし持ち上げる。

③ 床上ギリギリまで降ろす。

④ ②③を10回。

⑤ ②～④を逆から行う。

※②の姿勢を保ち、脇を引き上げ、腰が反らないようドローインし、肩甲骨を骨盤側に引き下げる。

脇を上げることが難しいときは、身体を床に降ろして行う。

②

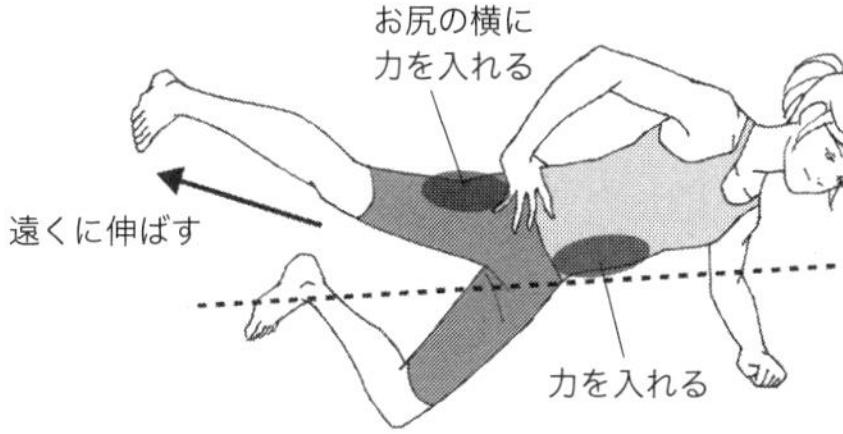

お尻の横に
力を入れる
遠くに伸ばす
力を入れる

サイドヒップに力が入りにくい時
巻くだけでお尻覚醒エクササイズ

①両腿を長めのタオル等で縛って座る。

②足先は天井に向けタオルを押し広げるように、お尻の外側に力を入れる。10秒キープ。3回。

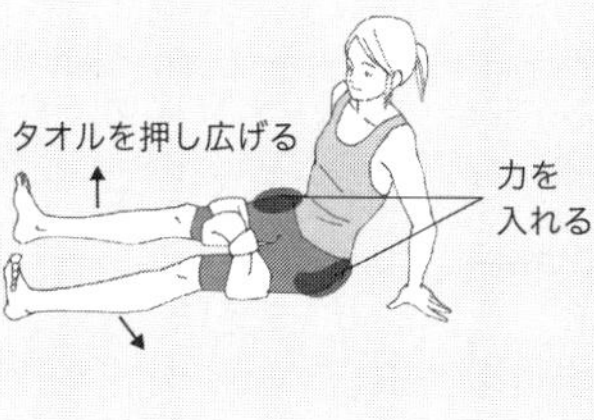

タオルを押し広げる
力を
入れる

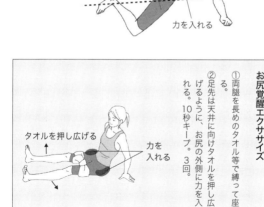

3 ふっくら下半身をスッキリ

美脚力アップのワイドスクワット

① ペットボトルなどの重りを持ち、両足を肩幅よりも広めにつま先は少し外向き、胸を張って背筋を伸ばして立つ。左右均等に体重をかける。

肩幅の 1.5 倍広く
つま先は外向き

② 股関節、膝、足首を曲げ、お尻をナナメ後ろにゆっくり下げていく。ニュートラル姿勢で膝はつま先と同じ方向へ。4秒。

膝は
つま先と
同じ方向へ
お尻は
ナナメ後ろへ
力を入れる

③ 足裏で踏みしめ①の姿勢まで戻す。最後に膝を伸ばしながらお尻をギュッと締め背筋を伸ばす。2秒キープし、2秒で立ち上がる。

④ ①から③までを10回~20回。

※背中のラインを保ちながら行う。キツい時はペットボトルは持たず、両手を前に伸ばして行う。

背筋を
伸ばす
膝をのばす
お尻を
ギュッと
閉める

4 立位バランスで痩せ力アップ

ワンラインバランス

① 両手を胸の前で組み、両足を一直線上にタテに並べてまっすぐ立つ。頭が天井から吊り下げられているように背筋を伸ばし、内腿に力を入れる。

② 両腕を広げ上下、左右、前後にバラバラに動かすなど、バランスが崩れそうになるのを体幹で取り戻す。身体の揺れを楽しみながら足裏からの全身バランス力を高める。1分。

③ 慣れてきたら両手を肩に乗せ、身体を左右へツイストする。顔の向きも変えると難易度アップ。1分。

④ 逆脚にして①~③を行う。

※一直線が難しい時は、2本のラインに立つイメージでも良い。足の親指が浮いたり、重心が外に乗る等のクセが出ないように気をつける。

座布団でバランスアップ

① 座布団やクッションの上に立ち、ウォーミングアップ4の基本のスクワット（157ページ）を行う。5~8回。

② 両脚を揃えて立ち、片脚を持ち上げる。10~20秒キープ。

③ 逆脚からも同様に行う。

④ ②③の動きにプラスして、腕を上下左右に回す。

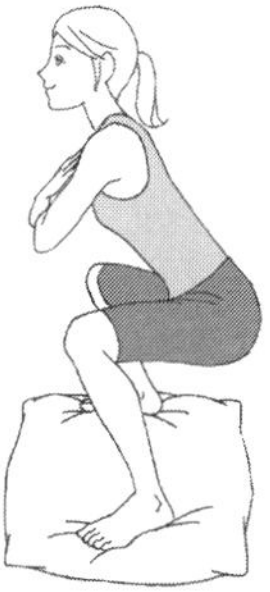

おわりに

私はこれまで漢方の知恵を活かして前向きに年齢を重ねる「ポジティブ・エイジング」を提唱しながら、加齢太りに悩む女性に向けた本を書きたいと思っていました。18年以上患者さんを診察する中で、女性が外見上のスタイルを意識することがカラダ全体の健康にもよい影響を及ぼすと実感しているからです。問題は「どんな方法が最適か」。この本では「健康美人」を目指す女性のために「守り」と「攻め」の養生法をまとめました。

豊富な経験をもとにエクササイズをご提案くださった、フィジカルトレーナーの西沢実佳先生にこの場を借りてお礼申し上げます。西沢先生のお力添えで、実践面での加齢太りへのアプローチが可能になりました。編集担当の長谷部智恵さん、カバーイラストの北村みなみさん、本文イラストの須藤裕子さん、ありがとうございました。さらに、佐藤弘先生および伊藤隆先生からの折に触れてのご指導は非常に心強かったです。

このたび、2018年に出版したこの本が、文庫化することになりました。2020年の新型コロナウイルス感染症の蔓延により、私たちの日常生活や価値観は大きく変化しました。自宅で過ごす時間が長くなって、自宅での過ごし方がこれまで以上に大切になっています。

新しい形の本書を手に取ってくださった読者の皆様には、一過性のダイエットの流行に流されることなく、ご自身のライフスタイルにあわせて本書を末永く活用していただければ幸いです。ありがとうございました。

2021年5月

木村　容子

参考文献

伊藤隆、木村容子、蛯子慶三監修『ココロとカラダの不調を改善するやさしい東洋医学』ナツメ社、二〇一六

岡本清孝『薬膳教本 ―薬膳師への登竜門』柴田書店イータリンク、二〇〇二

貝原益軒原著、松宮光伸訳注『口語養生訓』日本評論社、二〇〇〇木村容子『女40歳からの「不調」を感じたら読む本』静山社文庫、二〇一〇

木村容子『女50歳からの「変調」を感じたら読む本』静山社文庫、二〇一二

木村容子『カラダとココロの「プチ不調」に気づいたら』静山社文庫、二〇一四

木村容子『ストレス不調を自分でスッキリ解消する本』さくら舎、二〇一四

代田文彦『お医者さんがすすめるツボ快癒術』講談社、二〇〇二

竹内郁子『先人に学ぶ食品群別・効能別どちらからも引ける性味表大事典』星雲社、二〇一六

日本肥満学会編集『肥満症診療ガイドライン2016』ライフサイエンス出版、二〇一六

日本更年期医学会編『更年期医療ガイドブック』金原出版、二〇〇八

小澤瀞司、福田康一郎監修『標準生理学第八版』医学書院、二〇一四

喩静、植木もも子『薬膳・漢方 食材&食べ合わせ手帖』西東社、二〇一二

NHKテキスト『趣味どきっ！あったかボディーでリラックス～カラダを整える温活術～』NHK出版、二〇一六

岩屋あまね．多麹麦味噌の機能性―GABAを中心に―．醸協 2002. 97: 760-765

白川修一郎．日本における睡眠健康教育の現状と課題．京府医大誌 2014. 123: 407-413

Douchi T et al. The relation between body fat distribution and lipid metabolism in postmenopausal women. J Obstet Gynaecol Res 1996. 22: 353-358

Douchi T et al. Body fat distribution in women with polycystic ovary syndrome: its implication in the future risks for lifestyle-associated disease. Jpn J Fertil Steril 1999. 44: 119- 125

Esmarck B. et al. Timing of Postexercise protein intake is important for muscle hypertrophy with resistance training in elderly humans. J Physiol 2001. 535: 301-311

Gangwisch JE et al. Inadequate sleep as a risk factor for obesty: analyses of the NHANES I. Sleep 2005. 28: 1289-1296

Taheri S et al. Short sleep duration is associated with reduced liptin, elevated ghrelin, and increased body mass index. PLoS Med 2004. 1: e62

Ryo M et al. Short-term intervention reduces bioelectrical impedance analysis-measured visceral fat in type 2 diabetes mellitus. Diabetes Res Clin Pract. 2014. 103: e27-9. PMID: 24461622

本作品は小社より二〇一八年九月に刊行されました。

木村容子（きむら・ようこ）

医師。医学博士。東京女子医科大学附属東洋医学研究所所長。教授。日本内科学会認定医、日本東洋医学会理事、専門医、指導医。二〇〇二年より東京女子医科大学附属東洋医学研究所に勤務。二〇〇八年、日本初の「漢方養生ドック」を始める。

著書には、『女40歳からの「不調」を感じたら読む本』『女50歳からの「変調」を感じたら読む本』（ともに静山社文庫）、NHKテキスト『趣味どきっ！　あったかボディーでリラックス～カラダを整える温活術～』（NHK出版）等多数がある。

西沢実佳（にしざわ・みか）

フィットネスインストラクター（JHCAフィジカルコンディショナー、健康運動指導士、ピークピラティスフル認定指導者、介護予防指導員）。個人、グループ対象にボディメイク、トレーニング、ピラティス、ヨガ、呼吸法指導。現在は東急スポーツオアシス、ティップネスなどで活動中。

だいわ文庫

太《ふと》りやすく、痩《や》せにくくなったら読《よ》む本《ほん》

著者　木村容子《きむらようこ》
エクササイズ指導　西沢実佳《にしざわみか》

二〇二一年五月一五日第一刷発行

発行者　佐藤靖
発行所　大和《だいわ》書房
東京都文京区関口一-三三-四 〒一一二-〇〇一四
電話 〇三-三二〇三-四五一一

フォーマットデザイン　鈴木成一デザイン室
本文デザイン　bookwall（村山百合子）
本文イラスト　須藤裕子
本文DTP・図版　朝日メディアインターナショナル
本文印刷　厚徳社　カバー印刷　山一印刷
製本　小泉製本

ISBN978-4-479-30866-9
乱丁本・落丁本はお取り替えいたします。
http://www.daiwashobo.co.jp